法国大革命史译丛

La
Révolution française
et la psychologie
des Révolutions

法国大革命与
革命心理学

[法] 古斯塔夫·勒庞 著

倪复生 译

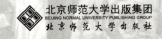

北京师范大学出版集团
BEIJING NORMAL UNIVERSITY PUBLISHING GROUP
北京师范大学出版社

让亲历者和史学家们迷惑的诸多历史事件，只有通过现代心理学方可得以解释。

有关法国大革命的一些看法

撰写本书的目的不在于褒贬大革命，而在于设法用心理学的方法来解读大革命，这些方法已在我的另一本书《观点和信仰》(*Les Opinions et les Croyances*)中做了详解。

源于此，我即不必对先前的种种观点进行梳理。但谈谈这些观点还颇为有趣，这也是我用一章的篇幅来对其加以列举的原因，然而这只是某些史学家们对这一重大革命事件的观点。

(书中的)几个篇章仅仅就先前的观点做了阐述，并对将来的观点加以预判，而很少对当今的观点进行表述。只有某些期刊对当今人们的感受做了阐述。这类评判大有裨益。

一些文章也对此事件做了分析，从中可以得出三个概念，它们代表着当今人们对法国大革命的认识。

第一个观点认为，大革命如同一种信仰，要么全盘接受，要么全盘拒绝；第二个观点认为，大革命类似一种神秘现象，难以解释；第三个观点则认为这是一个事件，在没有公布尚未解密的大量官方文献前是无法评判的。

对这三个观点加以简单的分析还是颇为有益的。

从信仰的角度来看，大革命对于大多数法国人而言是一件好事，它使得法国人摆脱了蒙昧，挣脱了贵族阶级的压迫。不止一位政治家这样认为，没有大革命，他便会沦为大领主家的仆人。

一位法国著名人物埃米尔·奥利维耶(Émile Ollivier)在其所做的一份重要的研究中清晰地表达了这种思绪，这份研究的目的便是要与我就本书中的观点展开商榷。

在谈及将大革命看作一个无意义事件的观点时，这位杰出的法兰西学院院士对此评论说："古斯塔夫·勒庞也接受这个论断。在其最近一本关于大革命心理学的作品中，人们可以窥见其概括能力和风格。"他说："付出满目疮痍的代价后的所获，其实在不久之后，也可以借由纯粹的文明发展而轻松得到。"

埃米尔·奥利维耶不赞同这个观点。大革命对他来说是必需的，他总结说："有人为自己无法再做拍打池水以防蛙鸣惊扰大领主休息的这类恶人而后悔；有人为再也看不到自己的田块被一群粗鲁的年轻人践踏而悲伤；有人为不再能因为有一个叫洛赞（Lauzun）的人觊觎他的妻子，或者因为对某位大人物言语不敬，或者因为某个莫名其妙的缘由被关进巴士底狱坐牢而懊恼；有人为不再有部长、高官、总督的暴虐，为不再任人宰割，为不再被洗劫而只缴税款，为不再被所谓胜利者嘲讽、蹂躏而感到绝望。对我这一介平民，我要感谢他们，是他们的艰辛劳作，让我摆脱了这些桎梏，若无他们，这些桎梏便要套在我的头上，尽管他们有错，但我仍祝福他们。"

上述文字把人们对大革命的信仰做了概述，而拿破仑的不凡业绩，更是让法国人对大革命念念不忘。对大革命的信仰源于这种广为流传的幻象，甚至连法国政治家也都认为：制度决定着一个民族的存在形式；而制度却毫无例外地取决于科学和经济的进步。抹平差距成了动力之源，它如断头台般的高效，甚而没有大革命，假以时日，我们依然可以实现如今的平等和自由，此外，很多民族不经历革命，也实现了自由。

上面列举的第二个概念——大革命是一个难以理解的神秘的事件——也让大革命变得扑朔迷离。

在一篇评判我的作品的文章中，巴黎一家久负盛名的报纸的政治主编德吕蒙（Drumont）作了如下表述："这个撼动了旧世界的神奇事件，依旧是个谜……现代心理学的方法无法让人明白这场危机中的不同寻常和神秘之处，它始终是一个离奇的历史事件。"

这套理论在政治人物中很有市场。从一位前部长爱德华·洛克鲁瓦（Edouard Lockroy）发表的一篇文章中，也可以看到这套理论的影子。

"历史学家们弄不懂大革命……国民公会总是处在吵吵嚷嚷中，永远那样混乱不堪……罗伯斯庇尔的专制是一种懦弱……大革命的历史是一群人的历史，其中没有领导人，大家都在行动……谁是领导人？是一群人，是大众，没有领头人，是一群普通人引领另一群不知名的人。"

从这样一个视角来看，大革命似乎就是在某个神秘的偶然因素的支配下所发生的诸多混乱事件的一个集合。

上面所做的简单引述表明，有关大革命的研究因为种种不确定性而变得晦涩起来，而囿于这些不确定性，也出于谨慎，博学家们仅刊发一些短文①。

如今存在着一种想要客观认识大革命的意识，其结果要么是盲目的推崇，要么便断言这个重大事件至少以目前的资料是难以解释的。

在我设法运用心理学方法来研究大革命时，阐释上的困境也曾让我惊诧不已。很快我便知道，历史学家对这一重大事件的狐疑缘由其习惯于凭借理性阐释来解释理性主义无法驾驭的带有神秘主义、情感主义以及集体主义色彩的事件。

大革命历史的每一页都证实了上述判断。仅集体主义逻辑本身，而非理性主义逻辑，便可揭示为何国民公会的倡议总是和其每一个成员的意见相左。理性无法深入解释为何在一个不平静的夜晚，贵族阶级的代表会宣布放弃一些他们曾经孜孜以求的特权，倘若他们在适当的时间放弃这些特权，那么大革命的发生原本是可能避免的。在不了解人在不同环境下会有性格的转变的情况下，又如何能够理解温和的、聪明的资产阶级在某些委员会上一边提出建立公制以及开办大学的建议，一边却投票赞同一些野蛮的做法如处死拉瓦锡（Lavoisier）②、处

---

① 这类工作都很有价值，尽管鲜有新意，但应当坚持下去，我相信当前的这些思想。我借用当今一位批评家的评述来做个结论："参与冒险的政治家、乡村恐怖分子，他们为了自己的利益，建立据点，施行残暴的封建统治，他们玩弄犬儒主义，并以此来设法打消、诋毁整个国家对乌托邦和博爱的不懈追求。只有在将所有这些人以及不胜枚举的外省委员会（约两万个）的历史全部弄清之后，才能还原大革命的本来面目。"

② 拉瓦锡（1743.8.26—1794.5.8），法国著名化学家，近代化学的奠基人之一，"燃烧的氧学说"的提出者，大革命中被杀。——译注

死诗人谢尼耶(Chénier)、拆毁圣德尼(Saint-Denis)恢宏的陵墓？在不知书本教的传播规律与现实传播规律截然不同的情况下，又如何理解革命运动蓬勃兴起？

我们过于理性而难以接受，历史是可以脱离理性而展开的，甚至常常是反理性的。由此，需要我们随机应变，彻底改变历史阐释的方法，如果我们想弄清楚一系列事件的话，而理性通常是无能为力的。

我认为，本书中所述的观点都将很快得到传播。诸多文章证明，这些观点已令很多观察家震惊。在此引述英文《泰晤士报》中的几个最重要的片段以飨读者。

"所有当权者都应该学习古斯塔夫·勒庞的这本书。作者对大革命的经典理论不屑一顾，他用心理学解释得出了全新的结论。他用极为生动的文笔，阐述了人民群众在革命运动中的弱势角色，以及公会成员的个人意志和集体意志之间不可调和的矛盾。引领大革命党人的是神秘主义因素，能让大革命人士免受理性的影响。没有大革命，便极难证实理性难以改变人，因此，一个社会并非是按照立法者的意愿来构建的，不管他们考虑得有多么周全。"

大革命的历史实际上是由一系列并存的且通常孤立的历史事件构成的：一个过时体制的历史，由于缺少捍卫者而消亡；革命议会的历史；群众运动的历史及其领导人；军队的历史；新制度的历史等。所有这些历史，基本上代表的都是各类心理力量之间的较量，因而，应借用心理学的方法来对其加以研究。

人们会对我的阐释加以评议。我认为自此以后，不考虑我的阐释而去书写一段大革命历史是很难做到的。

巴黎，1913 年 1 月

目　录

第二部分

法国大革命

第三部分

革命原则在当代的演变

导　论　历史的修正

当今时代不仅仅是一个发明的时代，也是一个对知识要素进行修正的时代。首先应承认，没有任何一种现象其初始原因是现在可以探究的。科学对先前的结论加以核查，并察觉到了其中的不足。科学如今认识到其陈旧的规则正在被逐步淘汰，机制也失去了其功能，不久前还是世界基础的物质，如今成了各种转瞬即逝的力的受体。

尽管历史用推断的方法使其免受过于严厉的批评，但历史并不能逃避这种广泛的修正。没有哪个历史阶段，当人们在谈到它时，可以说它是千真万确的，以前言之凿凿的事都受到了质疑。

和对其他事件的研究一样，经过一代又一代作家们的分析，对于法国大革命的研究可以说是结束了，大革命的面貌可以说是非常清楚了。除了做些细节上的修正，对大革命还有什么可以说的呢？

对大革命如何评判，反倒让那些最为坚决捍卫大革命的人开始犹豫起来。之前的坚信不疑变成了有待商榷。对大革命的立场和信念动摇了。有关大革命的最新描述反映出了这种迷茫。但描述过后，人们却越来越难以下结论。

不仅这个重大事件的参与者被大加议论，人们甚至疑惑，取代旧体制的新律法是否可以凭借文明的进步自然形成而无须暴力。大革命的所获似乎与当时付出的代价不相称，也和大革命远期的历史成果不相称。

有几个原因促使对这段悲惨的历史进行修正：一是时间让情绪恢复了平静；二是众多的资料慢慢地公布于众；三是人们学会了独立分析这些资料。

但对我们的观点影响最大的或许是现代心理学，因为它可以直入分析人心和行为的动机。

在可用于历史分析的心理学发现中，要重点提及的有：对先辈行为的深入了解，发动群众的规律，性格分裂的实证，精神的传染，信仰在无意中的形成，不同逻辑形式之间的差异。

实际上，在这本书中运用的心理学手段还不仅于此。历史学家通常还停留在分析研究资料的阶段。但仅心理学便足以激起我刚刚谈及的质疑。

* * * * * *

改变革命民族命运（例如信仰的产生）的重大历史事件，有时候非常难以解释，以至于只能对其进行观察。

自我进行历史研究以来，让我无从下手的某些重要现象常常令我惊异不已，尤其在涉及信仰产生的时候。让我感受较深的是在阐释它们时总是缺少某个关键点。理性已竭尽全力了，不能再指望它会带来什么，人们应当寻求其他的手段来弄清楚它无法阐释的东西。

这些重大问题一直困扰着我。不辞辛苦追寻业已消失的文明遗留下的蛛丝马迹也无法弄清楚这些问题。

经过苦思冥想，最终我意识到该问题是由一系列先前单独研究过的其他问题构成。这也是我二十年所做的事，其结果已在一系列的研究中做过表述。

首先就是探索民族演化的心理学规律。在已经明确了历史的民族——也即缘由历史偶然因素形成的民族——最终获得像解剖学特征一样稳定的心理学特征之后，我便尝试着解释那些民族是如何改变其制度、语言和艺术的。与此同时，我还要探究在突发的环境变量的影响下，为何个体的性格可以彻底垮塌。

在由民族构成的稳定的集体之外，还存在着临时的动态集体，我们可称之为大众。伴随着大众的集结，重大的历史事件也随之发生，大众具有的特征，与组成大众的个体的特征绝对不同。这些特征是什么？它们是如何演变的？我在《大众心理学》①（*La Psychologie des Foules*）

---

① 也翻译为《乌合之众》。——译注

中对这个新问题做了探究。

在这些研究之后，我便觉察到有一些因素被我疏漏了。

但这仍不是全部。在最重要的历史因素中，还有一个决定性的因素：信仰——这些信仰是怎么产生的，它们真的是理性和意志的产物？是长期教育出来的结果？还是无意识形成的？它与理性毫无瓜葛吗？我在另一本书《观点和信仰》中对这个难题进行了研究。

在心理学认为共同的且自愿的信仰仍然无法解释的情况下，在已证实信仰通常都是非理性的以及非自愿的情况下，我便可以对这个重要问题给出答案，为何信仰在没有任何理据的情况下，可以被各年龄阶层中最有思想的人轻易接受？

历史问题的解决耗时数年，至此已真相大白。我的结论是：相对于引领思潮的且被人们奉为思想指南的理性主义逻辑，还存在着多种迥异的逻辑形式如情感主义逻辑、集体主义逻辑以及神秘主义逻辑，通常是它们在支配着理性，并孕育出我们行为的动因。

这个结论一旦形成，我便豁然开朗，原来很多历史事件之所以难以理解，是因为人们在阐释这些历史事件时，借助的是一种与它们的发生几乎无关的逻辑。

＊　＊　＊　＊　＊　＊

在此用寥寥数语加以总结的这些探究都曾耗时数年。在感到穷尽这些研究无望时，我不止一次打起退堂鼓，转而做些实验，因为我坚信，实验和真理是并行的，且获得的是实实在在的片段。

探索物质世界非常有趣，但解读人类更有意思，这是我为何有志于心理学的原因。

从我的研究中得出的某些原则也让我受益匪浅。我坚决将其运用于实例研究，由此，我便被引领着去涉猎革命心理，特别是法国大革命心理。

在分析大革命的过程中，我从阅读中获得的曾坚信不疑的确切的观点，大部分都接二连三地被推翻了。

为了解释这段时期，就应像几位历史学家们所做的那样，不必将其看成是一个整体，因为大革命是由一些同时发生的且彼此各不相干的现象构成的。

每一个阶段所发生的事件都是心理学规律的产物，它们的发生像齿轮箱一样按部就班地进行着。事件的参与者像是一幕剧中的人物一样，事先都早有安排。每个人说着该说的话，做着该做的事。

这些大革命的参与者也许和一出戏中的人物不同，他们没有研究过他们所扮演的角色，但是一些无形的力量对他们的所作所为早有安排，而且他们似乎也早已知晓。

确切原因是：他们接受这命中注定的安排，但却不解其中的逻辑，因而当事件发生时，他们的惊讶不亚于我们，尽管他们是这些事件的主角。他们从未想到过有看不见的力量在驱使着他们。他们无法抑制愤怒和懦弱。他们言必理性，声称受到理性的引领，但实际上却和理性一点儿关系也没有。

比约—瓦雷纳（Billaud-Varenne）写道："我们所做的决定备受非议，其实在决议前一两天，我们也未曾想要做出这些决议，仅是形势所迫不得已而为之。"

这些革命事件并非是不可避免的。看过我们的书的读者知道，我们从伟大的奋斗者身上懂得了人是可以改变命运的。不过他们只能驾驭小部分事件，对于后果难料的事件，他们通常也是无能为力的。科学家们也知道，在微生物得势前可以杀死它，但当发展到生病之后，他也无能为力了。

* * * * * *

在一个问题引发热议且人们还为之争论不休之际，我们可以确信，这时的问题还处在信仰的阶段，而非知识的阶段。

在上文中我们已经言明，信仰原本是无意识的，且与理性无关，它从来就不受理性思考的影响。

大革命作为信仰者的杰作，对其如何评价却非信仰者可为。对其赞誉者有之，诋毁者有之，大革命依旧是一种可全盘接受或拒绝的信念，任何理性逻辑都不曾有此境遇。

一场宗教或政治革命在爆发之初，可能有一些理性的因素作为支持，但随后的演变却只有依靠神秘主义或情感主义等为理性主义所不容的因素方可进行。

　　既然理性主义逻辑不是规定它的逻辑，那么以这种形式的逻辑来评判法国大革命事件的历史学家也就无法理解大革命。由于这是连事件的亲历者自己都难以洞悉的事件，因而当有人说我们的大革命是一个参与者和阐述者均不懂的现象时，说明他离真相不远了。历史上没有哪个时期，像如今这样对现在知之甚少，对过去不屑一顾，对未来不加揣测。

＊　＊　＊　＊　＊　＊

　　大革命的力量不体现在那些陈旧的但仍要传播的原则上，也不体现在其试图建立的制度上。人们几乎不关注那些制度以及学说。法国大革命让法国遭受了一场可怕的内战所带来的暴力、谋杀、废墟、恐怖，并在军事上成功地对抗了欧洲，最终捍卫了自己。大革命之所以声势浩大，是因为它建立起的并非一个新体制，而是一个新宗教。换言之，历史告诉我们，强大的信仰是不可抵挡的。从前，一度无敌的罗马不得不臣服于信奉穆罕默德并受其指引的由牧羊人组成的游牧军队。欧洲的君主们也同样无法抵御在国民公会号召下的衣衫褴褛的士兵。像所有使徒一样，为了传播他们的信仰，实现自己的梦想，创造一个新世界，他们准备随时献出自己的生命。

　　这样建立起来的宗教，有着和其先辈宗教一样的力量，只不过没有它们持久。若不留下一些深刻的烙印和持续的影响，它是不会善罢甘休的。

＊　＊　＊　＊　＊　＊

　　我们不像大革命斗士们那样认为大革命是一种历史的中断。大家知道，为了表明自己的意图——建立一个与过去迥异的世界，他们开创了一个新时代，并声称要与过去的一切做彻底决裂。

　　但是过去永远不会消亡。它在我们身上而非在我们身外始终延续着。大革命革新者未觉察到他们自己便是过去的延续，他们巧立名目延续着君主制的传统，旧体制的集权和君主专制反而还得到了加强。托克维尔寥寥数语便证实了大革命仅是颠覆了行将崩溃的体制而已。

　　可以说，大革命实际上并没有摧毁什么东西，它反而加速了某些思想的产生，这些思想随后又继续得以发扬。大革命所宣扬的博爱和自由从未受到很多的关注，但是平等却成了福音书，成为社会主义思想以及现行整个民主思想演化的基石。可以说大革命既没有随着帝国的来临而结束，也没有随着其后一系列的复辟而结束。在岁月长河中，大革命在缓慢地发展着，继续或大张旗鼓，或潜移默化地影响着人们。

＊ ＊ ＊ ＊ ＊ ＊

本书花了大量篇幅来对法国大革命加以研究，这些研究表明，讲述大革命的书籍就是传奇故事集，而非真相。它们打破了读者的幻想。

这些传奇要比历史更加生动。不必为此而忐忑不安。对某些哲人而言，了解真相是有趣的，但对于人民而言，幻想似乎更有意思。这些传奇是理想的集合体，这些传奇构成了强烈的行为动机。丰特内尔（Fontenelle）指出，如果没有这些虚幻理念的支撑，人民便将失去勇气。圣女贞德、国民公会的巨擘、帝国时代等，过去的这些辉煌都给失败后消沉的人民带来了希望。这些都是父辈们给我们编织的憧憬，憧憬的力量往往要比事实更为强大。梦想、理想或传奇，总之都是不真实的，但它们才是历史的塑造者。

第一部分

革命运动中的心理因素

第一篇　革命的一般特征

第一章　科学革命和政治革命

一、革命的分类

人们往往用革命一词来指称突发的政治变故，但这种表达方式应适用于一切突然的，或近似的变化，如信仰、理念以及学说上的这类变化。

而且我们已经研究过理性主义、神秘主义、情感主义因素在信仰以及舆论的产生中的作用，这类因素决定了行为，因而不再赘述。

一次革命最终产生某种信仰，革命的目的通常是为了消除积弊、独裁以及不得人心的君主，等等，其爆发的动机往往是非常理性的。

一场革命的根源通常是理性的，但不要忘了，酝酿革命所需的理性，只有在转化为情感时才能够对大众起作用。人们带着理性逻辑抨击弊端，但为了煽动大众，仍需激起他们的欲念，此外，还得再添加上情感主义和神秘主义因素，给人们的行动注入动力，才能达到目的。例如在法国大革命时期，哲学家们便用手中的理性逻辑，揭示了旧体制的各种弊端，唤起了变革的欲望。神秘主义逻辑从有着一定的规则且组织完整的某个社团的习俗中诱生出了信仰。情感主义逻辑释放了被压抑百年的激情，导致人们歇斯底里地放纵情感。集体主义逻辑规定着团体以及国民公会，并促使其成员采取行动，而理性主义逻辑、情感主义逻辑、神秘主义逻辑都无法做到这一点。

　　一场革命，无论其缘由是什么，只有在深入人心后才能产生结果。大众独特的心理导致事件也具有独特的形式。由于这个原因，群众运动都具有某些鲜明的特点，描述其一便足以让人知道其他。大众是一场革命的目的，而不是起点。大众是一个中性的事物，若没有一个领头者引领，它原本是无欲无求成不了气候的。大众在引领下很快便会从冲动走向行动，但无外界激励，它永不会产生冲动。

　　突发的政治革命最让历史学家惊诧莫名，但它们通常都是最无关紧要的。重大的革命都是一些思想上的以及道德上的革命。更替一个政府并不能转换人民的思想，推翻一国的制度并不代表能更新它的灵魂。

　　真正的革命都是改变人民命运的革命，通常都是以一种缓慢的方式来实现的，历史学家难以界定其从何时开始。对他们而言，"演化"一词要比"革命"更为适用。

　　上面列举的种种因素大多对革命的爆发起到一定的作用，但仅以之来对革命加以分类尚显不足。若仅以革命的诉求来分类的话，我们可以将之分为：科学革命、政治革命、宗教革命。

二、科学革命

　　科学革命是最为重要的革命。尽管不引人注目，但科学革命所产生的深远影响是政治革命难以企及的。因而，我们将其放在首位，尽管在本书中无法对其加以深究。

　　自启蒙时代以来，伴随着天文学的重大发现以及实验手段的运用，由此我们知道，各种现象的出现原来不是上帝在恣意妄为，而是受到永恒规律的支配，随之我们的世界观便发生了翻天覆地的变化。

　　对于此类的革命，鉴于其缓慢的特点，"演化"一词倒是贴切。但对于其他的革命，尽管在同一个领域，但鉴于其迅捷，则还是称之为"革命"较好。如达尔文的理论，在几年间便颠覆了生物学界；巴斯德的发现在其有生之年便已改变了医学界。还有物质裂变理论，它证实了以前所谓永恒的原子，也难逃世界所有元素注定都要衰减、灭失这一规律。

这些科学革命发生在纯粹是知识性的思想领域。我们的情感，我们的信仰对其无任何作用。对它们，我们只能接受而没有讨价还价的余地。其结果通过实验的检验，无须人们去品头论足。

三、政治革命和宗教革命

远较这些推动文明进步的科学革命逊色的宗教革命和政治革命，它们与科学革命没有什么瓜葛。科学革命仅仅是理性因素的产物，政治和宗教信仰几乎全都是以情感因素和神秘主义因素为支撑。理性在其中充其量只起到配角的作用。

我在我的《观点和信仰》一书中，一再强调信仰其情感主义和神秘主义的起源，并指出政治或宗教信仰是一种信仰行为，这种行为是在无意识中形成的，不管其表象如何，理性对这种行为是无可奈何的。我同时还指出，信仰时常会强烈到任何事物都无法阻挡它的程度。对信仰着迷的人因而会成为信徒，随时准备牺牲自己的利益、幸福乃至生命，以便捍卫其信仰。至于信仰的荒谬性业已变得无足轻重，对他而言，信仰本身就是一个耀眼的真理。而信仰的神秘主义起源，让信仰获得了一种不可思议的力量，它可以完全控制原本只有时间才能影响到的笃信者的思想。

仅从信仰被当作绝对真理这个事实便知，信仰必然会变得狭隘。与重大的宗教和政治革命相伴生的暴力、仇恨、迫害证实了这一点，宗教改革运动和法国大革命尤其如此。

如果人们不知信仰其情感主义和神秘主义的起源，不知信仰必然的狭隘，不知信仰间矛盾的不可调和性，不知神秘主义信仰激发起来的情感的力量，那么人们便难以理解我们历史的某些时期。

前述概念由于过于新颖而无法对历史学家的思想产生影响。他们仍执着于用理性来解释一系列与理性无关的现象。

有些现象如宗教改革运动，在五十年内便彻底改变了法国，但这根本不是受理性主义影响的结果。不过人们总是认为这是受理性主义影响的结果，连最新出版的书也是持这种看法。例如，在拉维斯（Lavisse）和朗博（Rambaud）二位先生合著的《通史》（*Histoire Générale*）中，就可以看到关于宗教改革运动的一段解释：

> 这是一场在人民群众中自发产生的运动，源自老百姓去阅读福音书并进行个人的自由思考，这是由一种极为虔诚的意识以及一种极为坚定的理性所推动的。

与这些历史学家的结论相反的是，我们可以肯定地说，首先，这类运动绝非自发的；其次，理性在这其中没有起到任何作用。

确切地说，煽动人们暴动的政治和宗教信仰的力量还体现在这一点：这类信仰源自情感和神秘主义因素，理性既无法创造出它们，也无法改变它们。

政治的或宗教的信仰，它们有着共同的起源，并遵循同样的规律。它们的形成往往和非理性有关，而不是理性。佛教、伊斯兰教、宗教改革运动、雅各宾主义、社会主义等，都是一些特点鲜明的思想形式。但它们都具有共同的情感和神秘主义基础，并遵循着与理性逻辑不相干的逻辑。

政治革命可能源自植根于灵魂中的信仰，但政治革命的形成也有诸多其他因素掺杂其中。"不满"一词是对这些因素的一个概括。当这种不满蔓延开来时，一个政党便形成了，且常常变得强大到足以对抗政府的程度。

不满一般要经历长期的积累才可以产生效果，因此，一场革命并非总是表现为一个现象结束另一个现象随即开始，它是一种持续的现象，只是其演化速度较快。不过所有现代革命都是一些突发运动，导致政府瞬间垮台。例如，巴西、葡萄牙、土耳其、中国的革命等均是如此。

与人们的看法相左的是，极为保守的人民热衷于最暴力的革命。源于保守，因而他们无从知晓，演化要缓慢，自己方能适应环境变化这个道理，当革命风起云涌之际，他们被迫迅疾投入其中。这种突进的演化构成了革命。

尽管采用渐进的方式，但也无法总是能够避免革命。只有英国人在 1688 年成功地通过一场革命结束了一场长达一个世纪的战争，这场战争发生在追求至高无上权力的国王和寻求通过代理人施行自治的国民之间。

重大的革命一般是自上而下开始的，而非自下而上，而当人民获得解放，革命的权力便属于人民。

很明显，没有军队主力的参与，所有的革命过去不会发生，将来也绝不会发生。法国王权并非在路易十六被处决之日才消失的，而早在它的军队拒绝保卫它时便已消失。

军队的离心离德源于精神传染，最终表现为对既有秩序漠不关心。在几名军官联手推翻土耳其政府后，希腊军人便想着效仿他们来改变自己的政府，尽管这两个政府之间毫无类似性可言。

一场军事行动可以推翻政府，那些西班牙殖民地共和国毫无例外都是被军事推翻的；但革命要想产生成效，则需仰仗群众中普遍存在的不满和希望。

除非到处充斥着不满甚至愤怒，否则不满并不足以引发一场革命。怂恿人们去抢劫、破坏和杀戮很容易，但要煽动整个民族，或至少这个民族中的一大部分人，领头人的示范作用是不可或缺的。领导者对不满者夸大其词，让不满者相信当前的政府是一切苦难尤其是饥馑的唯一原因；领导者还许诺说，所追求的新制度会给他们带来一个幸福的时代。通过启发和传染，这些思想得以萌发、传播，随后革命的时机便到来了。

基督教革命以及法国大革命就是以这种方式进行酝酿并成熟的。若说后者酝酿的时间仅仅数年，而前者耗时多年，个中原因是法国大革命者很快便有了自己的武装力量，而基督教革命者则在很久之后才拥有自己的物质力量。最初，基督教革命仅有些信徒，他们是卑贱者、穷苦者、奴隶，在弥撒的蛊惑下，他们认为此生的不幸会为之换来极乐。历史不止一次地告诉我们，这种自下而上的传染，最终会侵染到上层社会，在最终获得某位皇帝的认可后，这种业已蔓延开来的新信仰便成为正式的宗教。但在此之前，这个传染过程却极为漫长。

四、政治革命的结果

一个政党获胜后，会依据自身的利益来着力构建社会。革命发起者有军人、激进人士、保守人士之分，他们对社会构建的看法各不相同。新的法律和制度是依据获胜的政党以及辅助它的阶级如教士的利益来制定的。

如果胜利是通过暴力取得的，如法国大革命，胜利者便会将前政权的律法一股脑全部废除。前政权的拥护者也将遭到迫害、流放或处决。

除了保护自身的物质利益外，当获胜的政党在捍卫其信仰时，迫害会达到顶点。失败者别指望能得到一丝同情。西班牙要驱逐摩尔人，宗教裁判所的火刑，国民公会的死刑以及法国近来宗教集会禁令等莫不如此。

胜者获取的这种绝对权力让胜者走上了极端，如国民公会要求用纸币代替金币，商品要按照规定的价格出售等。限价措施很快在生活必需品上碰了壁，招致群情激奋，在大革命末期，在四面楚歌的情况下，这一规定不了了之。几乎全由工人组建起来的澳大利亚社会党内阁近来的遭遇也是如此，它颁布了一些荒唐的法律，赋予工会会员以相当大的特权，招致舆论的一致反对，三个月后，内阁解体。

刚刚提及的都是些不常见的例子。大部分的革命都以产生一位新君主上台掌权而告终。这位君主深知要想执政长久，首先就不能过于专宠一个阶级，而要致力于实现阶级和解。为了实现这个目标，他要在阶级间寻求一种平衡，以免受到一个阶级的挟持。允许一个阶级得势也即等于为自己找到一个主子。这是政治心理学中颠扑不破的规律之一。法国国王们都深谙此道，并先后对资产阶级和教士的壮大做了坚决的抵制。如果不这样做，他们的下场将和中世纪德意志的皇帝们一样，被教皇逐出教会，受到凌辱，其下场一如在卡诺莎（Canossa）觐见教皇以求宽恕的亨利四世。

这个规律在历史中得到了一次又一次的验证。罗马帝国末期,军事集团异常显赫,皇帝们完全仰仗士兵,军人对皇帝们的废立可以说是随心所欲。

对法国来说,国家长期以来一直被一位几乎至高无上的君主统治是一大幸事,其言必君权神授,因而声誉日隆。若无此权威,他将无法制约封建贵族、教士以及议会。如果在十六世纪末期,波兰也存在着这样一个受人尊敬的绝对的君主统治,那么波兰将不会走上这条从欧洲版图上消失了的衰败之路。

在这一章中,我们已经注意到,政治革命也可以伴随着一系列重大的社会变革。但我们马上就会明白,这些变革与导致它们的宗教革命相比是多么的脆弱。

第二章　宗教革命

一、宗教革命研究对于解读重大政治革命的重要性

本书辟出一部分篇幅用于专述法国大革命。充斥着暴力的大革命自然有其心理学的原因。

这些不同寻常的事件让人吃惊，而且似乎无法解释。但如果意识到，大革命业已成为一种新宗教，它应当遵循一切信仰的传播规律，由此出发，大革命也就变得容易理解了。其中的愤怒与杀戮也就变得不足为奇了。

研究一场重大宗教革命的历史，如宗教改革运动的历史，我们就会知道，显现其中的心理学因素，在法国大革命中同样也发挥了作用。在这两起事件中，均难以窥见信仰其理性价值观在信仰的传播、在阻止迫害、在调和不同的信仰、在制止不同信仰间绝望的暴力冲突等方面发挥了什么作用。

人们还可从中看出信仰被与信仰无关的利益方大加利用的情况。人们最终明白，不改变人的生存状态便无法改变人的信念。

所观察到的现象清楚地表明：大革命的福音其传播方式与其他一切宗教福音的传播方式是一样的，特别是加尔文福音。它无法以另外的方式进行传播。

不过，虽然一场宗教革命如宗教改革运动，和一场重大的政治革命如法国大革命，它们产生的缘由极为相似，但它们的后续影响却大为不同，由此，它们的存续时间也不相同。

在宗教革命中，信奉者无法借助实践来揭示他们被蒙骗了，因为只有上了天堂才能证实这一点。而在政治革命中，学说的错误可以很快被实践所证实，并必定被人们所抛弃。

在督政府末期，雅各宾主义信仰使得法国陷入了毁灭、悲惨、绝望的地步，连最狂热的雅各宾主义分子自己都不得不放弃了他们的主张。仅有几个无法通过实践验证的理论原则如"平等可以为人们带来普遍的幸福"得以保留下来。

二、（16 世纪欧洲）宗教改革运动的兴起及其先行者

宗教改革运动对很多人的道德理念和情感产生了深远的影响。这场运动的目的最初很单纯，就是为了反抗教士的舞弊行为，从实践的角度看，是为了回归福音的主张。

这场改革绝非像人们声称的那样，是为了追求自由思想。加尔文并不比罗伯斯庇尔更宽容，那个时代的理论家认为，精英分子的宗教应当就是君主的宗教，在所有进行宗教改革的国家里，君主代替了罗马教皇并拥有与其一样的权势。

新信仰由于没有宣传和交流的手段，因而在法国的传播极为缓慢。在 1520 年左右，路德招募到了一些信徒，到 1535 年左右，信仰开始广为传播，当局这才意识到，必须用火刑来处死其信徒。

与广为人知的心理学规律相一致的是，上述死刑只会有利于宗教改革的传播。宗教改革的第一批信徒包括牧师和官员，但主要还是一些稀里糊涂的手工艺者。这种信仰的转换主要归功于精神传染和暗示。

自新信仰开始传播以来，很多原本对它漠不关心的人现在都聚集在这个信仰的周围，但其中不乏以此为借口来满足自己热情和贪婪的人。在好几个国家的宗教改革运动中都曾有过这个现象，尤以德国和英国为甚。

由于路德已经告诫过，教士不需要财富，因而德国的庄园主们极为欣赏这种允许其占有教会财产的新宗教。亨利八世便是以类似的方

法致富。

从这一教理中，饱受教皇欺凌的君主们看到了获取政权之外教权的机会，看到了自身摇身一变成为教皇的机会。宗教改革运动非但没有削弱反而强化了君主们的专制。

三、宗教改革运动所提主张的理性意义

宗教改革运动颠覆了欧洲，并在五十年内让法国几乎受到战争的毁灭。从理性的角度来看，从未有一个如此微不足道的原因产生过如此巨大的影响。

宗教改革运动是证实信仰在一切理性之外传播的证据之一。神学的教理强烈刺激着人们的灵魂，尤以加尔文的教理为甚，从理性逻辑来看，却是不值得加以深究。

沉湎于救赎的路德尤为害怕魔鬼，连忏悔都难以使其平静，于是千方百计寻求最有效的手段来取悦上帝，以免受炼狱之苦。

他从最初抨击教皇贩售"赎罪券"，到后来完全无视教会和教皇的权威，连宗教仪式、忏悔、圣人祭祀都一并加以谴责。

路德宣称，基督徒除了《圣经》以外，不该有其他的行为准则。此外，他还认为，没有上帝的圣宠，任何人都不应得到救赎。

最后这条教义，也即所谓灵魂归宿预定论，连路德本人对此都有些无所适从，不过加尔文对其做了精确定义。

加尔文规定，预定论是大部分新教教徒都应遵守的一种教理的基础。他说："很久以来，上帝便预定了有些人要受到火刑，而另外一些人则将得到救赎。"为何如此不公？原因很简单，"这是上帝的意志"。

由此看来，加尔文不过是发展了奥古斯丁的某些断言，全能的神因为取乐而制造出了生灵，但仅是为了让其永受炼狱之苦，而不顾及这些生灵品德和行为的好坏。一种如此不堪的胡诌居然能在如此长的

时间内，并仍将继续让众多的灵魂为之折腰简直是一大奇观①。

加尔文的心理学与罗伯斯庇尔的心理学如出一辙。和后者一样，加尔文对事实的真相了然于胸，因而对于不赞同其教义的人，加尔文便将之处死。他信誓旦旦地说，上帝意欲"在有人质疑其荣耀时，就让整个人类消失"。

加尔文与其信徒的例子表明，理性认为最荒谬的事情在受到信仰蒙蔽的人看来，都是极其正常的。从理性逻辑看来，既然无论做什么，大家都坚信自己是被救赎或是被诅咒，那么基于灵魂归宿预定论来建立道德也就是不可能的。然而，加尔文却毫不费力地做到了，他在一个完全非逻辑的基础上建立起了一个极为严厉的道德。他的信徒们自视为上帝的选民，由于自视甚高，他们充满自豪感，甚至认为自己的行为堪称楷模。

四、宗教改革运动的扩展

新的信仰不是通过演说，也非经过推论，而是通过上述机制得到了传播，也即通过强词夺理、一而再再而三、精神传染和个人威望得以传播的。革命思想后来在法国的传播也是如此。

我们已经在前文谈及迫害，迫害对于传播有利无害。每一宗迫害都会引发一些人改变信仰，这一点在基督教早期曾出现过。议会参议

---

① 灵魂归宿预定论的教义仍然在新教的教义课本中出现并被传授给教徒。我从爱丁堡弄来的一本最新正版的教义课本中选取一段来对此做个说明："按照上帝的圣谕，为呈现上帝的荣耀，有的人和天使被预定为永生状态，其余则被预定为永死状态。被上帝预定命运的天使和人，都是特定的且不可更改；其人数也是确切无误，不可增减。被上帝预定得活之人，都是在上帝创世之前，依据他一贯的目的、从不示人的意图和善良的愿望，挑选基督来承受永远的荣耀，这是上帝无限圣宠与爱的结果，而非出于对其信心、善行、毅力的预判，也非因上帝造人时有何先决条件或动因，一切都是让人赞美的圣宠使然。上帝选定了荣耀继承者，并根据自己永恒的无限的意图，预定了达此目的的一切手段。荣耀继承者，虽在伊甸园里堕落了，却被基督所救赎；圣灵在适当的季节使之膜拜基督；由此被收为义子，消除罪孽，又承蒙其庇护，借着对基督的膜拜而得救。除了荣耀继承者外，无人可被基督感召、庇护、收养、消除罪孽和救赎。"

员阿内·迪堡（Anne Dubourg）被判火刑，他一边走向柴堆，还一边规劝群众改变信仰，一位目击者说："他的坚定不屈要比加尔文的书更有说服力，很多年轻学生由此成了新教徒。"

为了不让这些受刑者对群众说话，便在行刑前割掉其舌头。更加恐怖的是，将受害者系在一根铁链子上，将受害者扔到柴火中，再将其拉出来，反复多次。

然而没有什么能吓退新教徒，于是乎便在让其领略了火刑的厉害之后又赦免他们。

1535 年，弗朗索瓦一世改变了其起初的宽容态度，下令在巴黎一次性设立六个火刑场。而我们知道国民公会巴黎仅设立了一个断头台。可能是酷刑不太痛苦，基督教殉难者对此满不在乎。信仰者受到了其信仰的蒙昧。如今人们知道，某些形式的蒙昧可以让信仰者对酷刑变得完全麻木不仁。

新信仰在快速传播着。到了 1560 年，在法国出现了 2000 个经过改革的教会，很多原本无动于衷的大地主都皈依新教义。

五、不同信仰间的冲突：势同水火

我已重复过，不宽容总是与强烈的信仰相伴随。宗教及政治革命已经无数次验证了这个结论，我们还知道，相似的宗教其信徒间的不宽容要比疏远的信仰，如伊斯兰教和基督教的护教者之间的不宽容为甚。如果认为是信仰导致法国长期处在四分五裂的状态，那么人们就会注意到，信仰间的差别其实都只是在细枝末节处。天主教和新教都极为崇拜同一个上帝，只是在崇拜的方式上有些差别。在信仰形成的过程中，如果理性能够起到一丁点儿作用的话，人们就会明白，上帝对于以哪种方式来膜拜他是不介意的。

理性无法触动信奉者的大脑，新教教徒和天主教教徒继续他们的鏖战。君主们促使二者和解的努力全部付之东流。卡特琳·德·梅迪奇（Catherine de Médicis）目睹着改革派在酷刑胁迫下反而日益壮大并且吸引着数量众多的贵族和官员加入进来，仍幻想着让二者停止冲突，于是便在 1561 年在普瓦西召开主教和牧师会议，意图撮合这两种教义。这样一番心思突显了梅迪奇王后对神秘主义逻辑是多么的无知，尽管她很精明。人们在历史中还找不到有关通过辩驳就改变信仰的例证。梅迪奇王后还不知道的是，宽容在必要时可以发生在个体之间，但宽容在集体间是不可能出现的。她的努力彻底失败了。与会的神学家们引经据典，相互攻讦，但却无一人产生动摇。梅迪奇认为最成功的莫过于在 1562 年颁布的一项敕令，赋予新教教徒们集会并公开举行礼拜活动的权力。

从哲学的立场来看，这种宽容是值得推崇的，但从政治的角度而言，这是不明智的，这种宽容除了激怒双方之外，不会有其他结果。在新教势力最为强大的法国南方地区，新教教徒迫害天主教教徒，并试图用暴力迫使他们皈依新教，如果不能如愿，便割断他们的喉管，洗劫他们的教堂。在天主教势力占优的地区，新教教徒所受到的迫害也是如此。

这样的敌视必然会导致内战。所谓宗教战争让法国长期处在血雨腥风之中。城市遭到蹂躏，居民遭到屠杀，冲突瞬间便呈现出了宗教或政治战争特有的野蛮特征，这一幕在随后的旺代战争中得到了再现。

老人、妇女、儿童，都遭到屠杀。一个叫德奥佩德（D'Oppede）的男爵堪称是"劳模"，他是艾克斯市议会的第一任议长，在十天的时间里，指使人极端残忍地杀害了 3000 人，摧毁了三个城市以及 22 个村庄；蒙吕克（Montluc）堪称卡里耶（Carrier）的前辈，让人将加尔文信徒活生生地投掷到井中，直至井被填满。新教教徒也好不到哪里去。他们甚至连天主教教堂也不放过，他们对待坟墓和雕像的手段和后来国民公会对待圣德尼皇家陵墓（Saint-Denis）的手段完全一样。

法国在这些浩劫的影响下，在亨利三世统治的后期，逐步分崩离析，被肢解为众多的结成联盟的小城邦共和国，各自为政。皇家权力逐步丧失。布卢瓦邦向逃离首都的亨利三世坦诚了自己的想法①。

----

① 其想法大概和发生在 1588 年 12 月 23 日的刺杀事件有关，其时亨利三世利用在布卢瓦（Blois）召开三级会议的机会，派人暗杀了吉斯公爵及洛林红衣主教。——译注

1577 年，旅行家李普马诺（Lippomano）穿越法国，历经奥尔良、布卢瓦、图尔、普瓦提埃等大城市，所到之处城市悉数被毁，教堂成为废墟，坟墓被捣毁。这几乎也是督政府末期法国的景象。

在这个时期发生的事件中，留给人们最为灰暗的记忆是 1572 年圣巴托罗缪之夜大屠杀（Saint-Barthélemy）事件，虽然被屠杀人数不是最多。有些历史学家认为这是卡特琳·德·梅迪奇和查理九世下令屠杀的。

不需要特别深奥的心理学知识就能明白，任何一位君主都不可能下令这么做。圣巴托罗缪之夜大屠杀不是皇室的罪行，而是群体性的犯罪。卡特琳·德·梅迪奇觉得自己和国王的性命受到了四五个在巴黎的新教首领所策划的阴谋的威胁，于是按照那个时代通行的做法，派人上门刺杀了他们。巴蒂福尔（Batiffol）对随后而来的大屠杀作了非常清楚的解释。

"一听到所发生的事情，整个巴黎立刻谣言四起，说要屠杀胡格诺教徒，于是天主教贵族、卫士、弓箭手，都立刻拿起武器冲上街头，进行杀戮，大屠杀就这样在'杀死胡格诺教徒！杀死胡格诺教徒'的叫嚣中开始了。"凡被认为是异端分子的都难逃厄运，或被打死，或被溺毙，或被绞死，仅在巴黎就有 2000 余人被杀死。

由于精神传染，外省的民众也群起效仿巴黎的做法，有六千到八千新教教徒被杀死。

随着时间的推移，宗教狂热慢慢降温，所有的历史学家，包括天主教史学家，都对圣巴托罗缪之夜大屠杀感到痛心疾首。他们表示，以现在的视角，着实难以理解当时的精神状态。

事实上，在当时，圣巴托罗缪之夜大屠杀不但没有受到指责，反而在整个欧洲的天主教阵营中激起了一种难以描述的狂热。菲利普二世在得悉此消息后，高兴得语无伦次，法国国王所收到的祝贺之多，堪比其赢得了一场伟大战争。

尤其是教皇格列高利十三世，更是难以掩饰喜悦之情。为纪念这一欢乐时刻①，他令人铸造一枚奖章，点燃两堆节日焰火，鸣响火炮，举办庆祝集会，并召集画家瓦萨利（Vasari）在梵蒂冈的墙壁上描绘杀戮的主要场景，随后还差遣一位使节前往法国面见国王，对其这一壮举大加褒奖。有了这些历史细节，人们方才懂得信仰者的灵魂到底是怎么回事。雅各宾分子在大恐怖时期②的精神状态和格列高利十三世的精神状态相类似。

面对这样的大屠杀，新教教徒们当然不可能无动于衷，他们也取得了收获，到了1576年，亨利三世被迫向他们做了让步，颁发《博利厄敕令》（*Édit de Beaulieu*），允许他们自由集会并掌控八个要塞，而且在议会中，天主教和胡格诺派各占一半的席位。

被迫所做的让步根本无法持久。吉斯公爵（duc de Guise）领头组建了天主教同盟，战斗继续进行。但是战争不能无休无止。亨利四世于1598年颁布《南特敕令》（*Édit de Nantes*）并宣布放弃新教信仰③，冲突因而告一段落，双方在相当长的一段时间里平安无事。

---

①　应该有很多人获得了这枚奖章。因为国家图书馆奖章陈列室中收藏有三枚这样的奖章，金、银、铜各一枚。奖章的翻印件见博纳尼（Bonnani）所著的《教皇奖章》（*Numism Pontific*）第1卷336页，其一面刻有格列高利十三世的像，另一面刻有一个天使，手持双刃剑砍杀着胡格诺教徒，并有题铭：Ugonotorium strages，也即"屠杀胡格诺派"。（西塞罗或蒂托－李维将"strages"一词解释为杀戮或屠杀；而维吉尔或塔西佗则将其释为灾祸、毁灭。）

②　又称雅各宾专政，法国大革命时1793年5月至1794年7月间由罗伯斯庇尔领导的雅各宾派统治法国时期的称呼。在这一段时间内，法国政府为了彻底得到政权，将嫌疑的反革命者送上断头台，严格限制物价。该时期有数千人被残忍杀害。雅各宾派（激进共和主义派）在1793年的起义中战胜温和共和主义派，夺取了政权。但是，雅各宾派执政也为法国历史做出了一些贡献，比如推广教育，提倡宗教自由，废除法国殖民地的奴隶制等。1794年，热月政变爆发，罗伯斯庇尔被斩首，雅各宾专政结束。——译注

③　亨利四世生活的世纪是法国宗教战争流血纷争的时代。登上法国王位之前，亨利饱受圣路易后裔及新教教徒领袖两种身份的影响，为了合法继承法国王位，他宣布改信天主教，并颁布《南特敕令》，为延续二十多年的宗教战争画上句点。这也是第一部承认新教教徒信仰自由的敕令。法国的经济在他统治时代发展起来，亨利四世为此深受人民爱戴。1610年，亨利四世于巴黎遇刺身亡。凶手是一名狂热的天主教教徒。——译注

冲突得到缓和，但并没有结束。到了路易十三时代，新教教徒们又不安分起来，黎塞留被迫于 1627 年围攻拉罗歇尔（La Rochelle），造成15 000余名新教教徒死亡。随即，政治抱负远大于宗教抱负的这位枢机主教对新教教徒又变得极为宽容。

但这种宽容无法长久。对立的信仰，一旦一方感觉有实力支配另一方，那么在对峙时便会不惜余力地毁灭对方。在路易十三时代，新教派从多数派变成了实力最弱的一方，于是便高挂免战牌，老老实实地过日子。此时的新教教徒人数大概在 120 万人左右，拥有 600 多个教堂，有 700 名左右的牧师负责管理。法国领土上出现的这些异教徒，让天主教士难以容忍，人们用各种手段对其加以迫害，但是效果甚微，于是路易十四于 1685 年使用龙骑兵对新教教徒加以迫害，造成大量新教教徒死亡，依然无果而终。需要采取一些一劳永逸的手段。在教士以及博絮埃（Bossuet）的压力下，《南特敕令》被废除了，新教教徒被迫要么改变信仰，要么离开法国。这种凄惨的移民持续很长时间，据称，这让法国人口减少 40 万，减少的这些人都是极为刚毅的人，因为他们毅然听从信仰的召唤，而不是利益。

六、宗教革命的结果

如果仅从宗教改革运动这一段灰暗的历史来看待宗教革命，就会认为宗教革命都是灾难。但宗教革命并非都是如此，其中也有极大促进文明进步的宗教革命。

宗教革命赋予一个民族一个道德体系，往往会极大促进其物质力量的发展。穆罕默德建立起的新信仰，将那些弱小的阿拉伯部落改造成为了令人生畏的民族。

新的宗教信仰不仅使得一个民族的精神得到统一，它还可以显著改变一个几乎不可改变的事情：一个民族的情感。这是任何哲学、任何法典都无法做到的。

人们可以从历史上发生的宗教革命中最伟大的革命——推翻了异教，用一位来自加利利（Galilée）平原的神取而代之——观察到这一点。新理想要求人们放弃全部的尘世之乐，以寻求天堂中永恒的极乐。这样的一种理想很容易被奴隶、穷人、不幸的人所接受，因为他们此生已经没有了幸福可言，于是人们给他们描绘了一个美好的未来，以替代眼前毫无希望的生活。清戒的生活容易被穷人所接受，但富人也可以接受。这点展现了新信仰的力量。

两千多年来，基督教革命不仅改变了德行，也给文明带来了深远的影响。一种信仰成功了，文明的所有因素自然就要立即适应这种信仰，文明很快也就被改变。作家、文人、艺术家、哲学家，只是用自己的作品来表现新信仰的思想而已。

一旦某种宗教或政治信仰取得成功，理性便对它产生不了任何影响。但信仰总是念念不忘去阐释理性、证实理性并强加理性。在摩洛克神（Moloch）时期，可能会有诸多的布道者、神学家在论证以人祭祀的作用，这与人们赞誉宗教裁判所、美化圣巴托罗缪之夜大屠杀及大恐怖时期的屠杀如出一辙。

不要过于指望持有坚定信仰的人能够有多宽容。只有古代社会里那些多神论者才拥有宽容心。现代社会里讲究宽容的国家是认可多神论的国家，如英国、美国，在这些国家里有着不计其数的宗教派别。同一个名称的诸多教派，其信奉的神也是五花八门。

繁多的信仰，成就了宽容，成就了弱势的信仰。我们不得不面对这样的难解的心理学问题：如何在坚持宽容的同时又能坚持信仰。

上述资料表明了宗教革命的巨大作用以及信仰的力量。尽管其理性价值不值得一提，但宗教革命塑造了历史，避免了没有信仰、没有力量的民众成为一盘散沙。人类在任何时代都需要信仰，以便规范自己的行为和思想。任何哲学都不能替代这些革命。

第三章　政府在革命中的角色

一、政府在革命中的弱势

不少现代国家，如法国、西班牙、比利时、意大利、奥地利、波兰、日本、土耳其、葡萄牙等，一个世纪以来都在不停地闹革命。这些革命都有迅捷和易举的特点，而受攻击的政府都是被推翻的命运。

迅捷意味着精神传染的快速，这得归功于现代化的传播手段。政府的弱势让人惊讶。这意味着政府理解力和预判力完全失效以及对自己能力的盲目自信。

而轻而易举地让政府轰然倒塌并不新奇。这在历史上不止出现一次，被推翻的不仅有作为宫廷谋反牺牲品的君主专制政府，还有借助新闻界和舆情监测机构而熟知情况的政府。

在这些瞬间倒塌的政府中，最令人称奇的是由查理十世的敕令①引发的倒台。众所周知，这个君王是在四天之内倒台的。他的内阁根本没采取任何预防措施。当国王外出狩猎时，他对于巴黎的平静局势是非常放心的。军队对其也是毫无敌意，一如路易十六时代，但是指挥混乱的军队却被若干叛匪一击即溃。

---

① 查理十世为法国波旁王朝复辟后的第二个国王（1824～1830 年在位）。1830 年 7 月 26 日，查理十世颁布四项高压敕令，如解散立法机构并改变选举制度等，敕令成了当年七月革命的导火线。从 7 月 27 日开始，以《自由报》为首的四十多家报纸发表了抗议书，公开号召人民放弃对政府的服从。次日，示威转变为武装起义，巴黎人民同政府军展开激烈战斗。29 日，起义者攻占了王宫，查理十世被迫逃亡英国。——译注

路易－菲利浦的垮台是更为典型的一个例子。这位君主并没有像查理十世那样遭人痛恨，垮台并非由于其执政的鲁莽，而是由于一件不起眼的极易被扑灭的骚乱所致。

历史学家不明白的是，一个稳定的政府，且拥有一支庞大的军队，居然可以被几个闹事者推翻，于是很自然地将路易－菲利浦的垮台归结为某些深层次的原因。实际上，垮台的真正原因就是负责保卫他的将军们的无能。

这是为人们所知的教训最为深刻的例子之一，值得我们加以关注。博纳尔（Bonnal）将军对这个事件研究得极为透彻，基于一位见证人——埃尔兴根（Elchingen）将军——的记录。36 000人的军队当时就在巴黎，但是无能且胆怯的将领却不让调用军队。自相矛盾的命令一条接着一条，最终便是禁止向群众开枪，且允许群众和士兵混在一起，没有什么比这个更危险的。骚乱最终兵不血刃取得胜利，国王被迫退位。

博纳尔将军用大众心理学的研究来分析前述的例子后指出，导致路易－菲利浦下台的骚乱是多么容易被制止。他还特别提到，如果将领没有完全丧失理智，一小股军队便可以阻止叛乱分子进入议院。而由君主主义分子组成的议院肯定会拥戴巴黎伯爵为国王，其母摄政。

类似的现象接二连三地出现在西班牙和葡萄牙的革命中。

这些事实表明了不起眼的小事在重大事件中的作用，由此，人们应不必过于在意历史的一般规律。没有导致路易－菲利浦下台的骚乱，我们便可能不会有1848年的共和制，没有第二帝国，没有色当战役，没有侵略，也不会丧失阿尔萨斯。

在我刚刚说到的革命中，军队对政府没起到任何作用，不过也没有调转枪口对付政府。一般而言，都是军队进行革命的，如葡萄牙和土耳其。发生在拉丁美洲各共和国不计其数的演变便是借助军队实现的。

借助军队进行的革命，新的执政者通常也在军队的操纵下倒台。我之前曾经谈及罗马帝国末期，那时，皇帝们都是被士兵所推翻。

同样的现象经常出现在现代社会。关于希腊革命的一段报道描述了政府被军队操控后的结果。

"一天，有 80 名海军军官宣布，如果政府不解除他们指控的领导人职务的话，他们便要辞职。而另一天，一群租种属于储君的分成制租田的农业工人群起要求瓜分其田地。海军抗议的是对索巴斯（Zorbas）上校的提拔。索巴斯上校在与上尉泰帕尔多斯（Typaldos）进行了一周的谋划后，与议院主席展开对等的谈判。与此同时，市政联盟对这些海军军官加以斥责。一名议员提议，应以敲诈罪名来处理这些军官及其家属。当指挥官米亚乌里斯（Miaoulis）朝造反者开枪时，原先受泰帕尔多斯指挥的海军士兵们，便开始履行职责了。这不再是伯利克里（Périclès）以及地米斯托克利（Thémistocle）时代的那个和谐的希腊，而是一个丑陋不堪的亚格拉蒙营地（Camp d'Agramant）。①"

没有军队的帮助，一场革命是无法成功的，或至少军队要保持中立，最常见的是军队没有参与，运动便开始了。1830 年和 1848 年的革命就是如此，紧接着是 1870 年推翻第二帝国的革命，起因是在色当战役中，法国战败投降，令法国人蒙羞。

大部分的革命都发生在首都地区，随后蔓延至全国各地；但这并非一成不变。如大家知道的，在法国大革命期间，旺代、布尼塔尼、法国南方就曾群起造反来对抗巴黎。

二、政府如何抵御革命

在前文列举的多数革命中，政府的消亡是由于其懦弱，最后一触即溃。

俄国革命告诉我们，一个政府要坚决捍卫自己，才能最后赢得胜利。

对于一个政府而言，革命永远都不是最可怕的。由于在东方遭受到巨大失败以及旧制度长期暴虐的统治，所有的社会阶层，其中包括

---

① 法国谚语，意思是同一阵营里的人之间产生严重的争执。——译注

部分军队和海军，都揭竿而起。铁路、邮局、电报馆都纷纷罢工，导致这个幅员辽阔的帝国各主要地区间的交通、通信基本中断。

这个国家的大多数人口都是农民阶级，他们也开始接受革命思想的宣传。农民的命运非常凄惨。在沙俄农村村社组织米尔（Mir）体制下，他们只能耕作土地但无权获得土地。政府决定通过改变土地所有制的方式来与这个人口众多的阶层实现和解。一些特殊的法律出台了，如强制地主出售给农民其拥有的部分土地，并专门成立一些银行，负责借贷给购买土地者必要的资金来支付土地款。而所借款项可以用其出售的作物款以按年缴付的方式来偿还。

在确信农民保持中立之后，政府开始与焚烧城市、向人群投掷炸弹、打仗残酷无情的狂热分子作战。所捕获之人一律处死。这种屠杀是自人类有史以来保护社会免遭反叛者摧毁的唯一办法。

获胜的政府还明白，必须满足国家开明人士提出的合理的要求。于是政府建立起了议会，让其负责起草法律、监督开支。

俄国革命的历史告诉我们，在所有原来的支持都接二连三地失去的情况下，一个政府是如何凭借着智慧和决心战胜最大的困难的。公正地说，政府不是被推翻的，而是政府选择了自杀。

三、政府发动的革命：以中国、土耳其等国为例

政府几乎总是在与革命做斗争，而不是闹革命。体现着时代需求和民意的政府，它们总是在追随改革者而不是引领改革者。

某些政府想开展一些激进的改革，但这些改革有时会导致革命的发生。改革的成功和失败取决于民族意识的稳定与否。

当一个民族是由半开化的部落组成的时候，没有固定的信仰，也没有强大的传统，也即没有现成的民族意识，政府对这样的民族强加一些新的制度往往会取得成功。这就是俄国在皮埃尔大帝时代（Pierre le Grand）的情形。为人所知的还有俄国是如何利用自身半亚洲、半欧洲的俄罗斯人的力量进行欧化的。

日本是另外一种情形，革命是由政府发起的，但革命的对象是技

术而非灵魂。

只有一个极为强势的、一个极具天赋的独裁君主方能成功地或部分成功地完成下列任务：改革要顾及全体人民。此处与一般意义上的革命不同之处在于：专制君主是革命的，而百姓是保守的。通过仔细观察，人们很快便会发现，人民通常都是非常保守的。

失败不过就是这些改革企图的代名词。无论这些革命是从社会高层还是从底层发起的，它们都不会改变一个长期保持稳定的民族的灵魂。它们仅能触及已被岁月侵蚀的随时会崩塌的东西。

对一个政府而言绝难做到的事情就是：突然改变一个国家的制度。对此，实际上是中国做了最有趣的尝试。中国政府原本想强行推动改革，在中国进行改良，但改革却引发了不满，不满导致了革命，革命进而推翻了封建王朝。禁烟、禁赌、改建军队、兴办学校导致税赋增加，这一点和改革本身一起，成为舆论责难的目标。

几位到欧洲留过学的中国学者，利用这种不满情绪，煽动人民起来抗争并宣布成立共和。但对于这个制度，中国人却毫无概念。

这个共和必然不得长久，因为推动共和的不是一个进步的而是反动的运动。对于接受过欧洲教育的中国知识分子而言，"共和"就等于"摆脱长期以来一切限制、法律、规则的桎梏"。他们剪辫子、戴鸭舌帽、自诩共和党人，认为由此可以随心所欲、自由自在了。这与一部分法国人在法国大革命期间对共和这一理念的理解是一样的。

中国很快便看到了一个社会在失去了其日积月累搭建起来的骨架后所变成的样子。经过几年血腥的无政府状态后，中国必得要重新建立起一种权威，而这种权威的暴虐必然要远胜被推翻的旧体制。科学没有为中国找到一根能让一个无纪律的社会存在下去的魔棒。当然如果有这样一根可以代代相传的魔棒，也就无须苦苦相求而不得了。在人们宣泄着原始的本能，摧毁祖先苦心构筑起来的堤坝之后，也唯有通过一种暴政才能恢复这些堤坝。

土耳其的经历和中国类似，可以作为佐证来证实上述断言。几年前，一些在欧洲的学校里接受教育并满怀憧憬的年轻人，在几名军官的帮助下，成功地推翻了一位残暴的让人无法容忍的苏丹①。在接受了我们强大的拉丁信仰——对制度的神奇力量的信仰——之后，他们想要在一个被宗教仇恨弄得四分五裂的、种族众多的、半开化的国家里，建立起代议制政府。

这种尝试前景很不乐观。改革的倡导者应当注意到，尽管他们十分宽容，但他们还是不得不用一些与被推翻的体制相近似的方法来管理国家。他们无法废止不经法定审判程序的死刑，无法制止对基督教教徒大规模的屠杀，也无法根除任何弊端。

指责他们当然有失公允。事实上，他们无法改变一个有着悠久传统和狂热宗教信仰的民族，在这里，穆斯林占人口多数，穆斯林按照自己的法典来治理他们信仰的圣地是合情合理的。

这样的一种状态非常难以撼动，人们眼睁睁地看着一个有点像是立宪体制的君主专制形成了，它和旧体制没什么大的差别。类似的尝试形成了这样一个范例：在改造民众的灵魂前为其选择体制是徒劳的。

四、在革命中，无法和政府一起被更迭的社会因素

前面我们谈到了稳定的民族意识的作用，由此，大家知道一个存续已久的现成的体制的威力有多大了，如以前的封建君主制。君主很容易被谋反者推翻，但是谋反者却无法推翻君主所象征的那些定律。拿破仑下台后，其替代者不是他的血缘继承人，而是国王的继承人。后者身上代表的是一个古老的定律，而拿破仑的儿子只是那些尚未固化在灵魂中的理念的化身。

基于同样的理由，一位要多聪明就有多聪明的部长，无论他对国家的贡献有多大，都鲜有推翻其君主的。俾斯麦自己也做不到这一点。这位伟大的首相独自一人完成了德国的统一，而他的主子，仅仅对他动一动手指便让其滚蛋了。面对受到舆论支持的一个定律，人是那

---

① 苏丹是某些伊斯兰国家最高统治者的称号，这里应该是指 1908～1909 年青年土耳其党革命，推翻了苏丹哈米德二世的专制统治，恢复了 1876 年宪法，建立了君主立宪政府。——译注

么无足轻重。

由于种种原因，以政府为化身的某个定律会和政府一道消亡，大革命期间的情况就是如此，但并非社会一切的组织因素都会同时消亡。

如果只知道法国一个世纪以来的动荡不安，就会认为法国是处在一个极度的无政府状态下。但法国的经济、工业和政治领域却与之相反，表现出一种连续性，似乎和所有的纷争以及体制无关。

在历史所关注的重大事件以外是一些日常生活中的小事情，书本都不屑去谈论它们。它们都是被迫在眉睫的大事所左右着。但它们的集合体构成了一个民族其生活真正的骨架。

不过，对重大事件的研究向我们呈现了一个世纪以来名称频繁变化的法国政府，而对日常小事的研究则与之相反，它证实了法国政府实质上几乎没有变化。

一个民族真正的引领者是什么？从大的方面来说，可能是国王和大臣，但从每日生活中的小事来看，则没他们什么事。一个国家真正的引领力量，是非人为因素构成的行政机构，它们不受体制更替的影响。它们是传统的守护人，虽不显山、不露水但却连绵不绝，构成了一种隐匿的权力，其他的一切都得向它低头。这种权力的作用正如本书要分析的那样：形成一个隐匿的国家，要比形式上的国家更为强大。法国就是从这个阶段走过来，并逐渐过渡到由一些官僚和职员管理国家的阶段。研究革命史越多，人们就会越发感觉到，革命更替的只是表面。进行革命很容易，但改造一个民族的灵魂却非常难。

第四章　人民在革命中的作用

一、民族意识的韧性和稳定性

对历史中某个特定时刻的某一个民族的认识，既包括对其环境的认识，也包括对其过去的认识。理论上可以否定这个过去，正如法国大革命时期人们和如今很多的政治家所做的那样，但在行动上却是无法摧毁这个过去。

在数百年来逐渐积累构建而成的过去中，形成了一系列的思想、情感、传统、偏见，它们构成了民族的灵魂，民族灵魂产生了民族的力量。没有它，就没有进步可言。每一代新人都需要重新开始。

构成民族灵魂的一系列东西，只有在具备一定的稳定性的情况下才是稳固的，但是这种稳定性不应当过分，否则就没有韧性可言了。

没有了稳定性，祖先的灵魂就没有了任何依托；而没有了韧性，灵魂也就无法适应由于文明的进步而导致的环境的变迁。

民族灵魂若有过度的韧性，便会导致人民进行无休止的革命。而过度的稳定性则会导致没落。因为长期的过于稳定，人类会变得无法适应新的生存条件，人类这样的生灵就会消失。

鲜有民族能够在这两个相反的特征——韧性和稳定性——之间达到一个恰好的平衡状态。古代的罗马人和现代的英国人可以说是在这个方面做得最好的两个民族。

灵魂过于稳定的民族，其革命往往是最暴力的。他们不懂得慢慢演化并适应环境变化的道理，当发现这种适应是不可避免的时候，因而不得不强行适应。

获得稳定性要经历漫长的时间。一个民族的历史往往就是一部讲述其长期努力获得灵魂稳定性的记述。如果这个民族没有达到这个目标，它便是一盘散沙，既没有凝聚力，也没有战斗力。在经历了罗马帝国后期的入侵之后，法国花了几个世纪的时间来塑造自己的民族灵魂。

最终法国拥有了自己的民族灵魂，但是在数个世纪的时间里，这种灵魂却变得过于僵化。如果民族灵魂再多一点韧性，那么法国的封建君主专制就会与其他地方一样，慢慢地发生改变，这样，我们也就可以避免依靠代价高昂的革命及其结果来重塑我们民族的灵魂。

前述思考呈现了民族在动荡产生过程中的作用，解释了同样的革命为何在不同的民族中产生的结果迥异，例如，法国大革命的思想在有些民族中受到追捧，在有些民族却备受冷遇。

当然，作为一个极为稳定的国家，英国也发生过两次革命，并让一位国王送了性命①，但是盛放其精神骨架的模具却是既稳固而又不乏弹性。由于稳定，过去的所获可以得到传承；而有弹性，则就可以在必要的情况下对这样的模具进行调整。英国从未想过在理性的招牌下用摧毁祖先遗产的方式来重建一个新社会，这只是法国大革命期间的那些人的所为。

A. 索雷尔（A. Sorel）写道："法国人鄙视他们的政府、厌恶他们的教士、仇恨他们的贵族，奋起反抗他们的法律；而英国人却为他们的宗教、宪法、贵族政府和上议院感到自豪。这些东西一如气势磅礴、哨楼林立的巴士底狱，英国人在其庇护下，在英国骑兵的保卫下，傲视欧洲，指点欧洲。英国人承认，在他们自己的宫殿里，人们也为这些东西的控制权在争吵，但却不要外国人来染指。"

民族对自身命运的影响还清楚地体现在美洲那些西班牙共和国里所发生的无休止的革命上。这些国家的人口是由混血儿或者说是由遗传特征各不相同的个体构成的，其祖先的特征业已荡然无存，因而这些人口没有民族灵魂，也就没有任何的稳定性。一个混血的民族始终

---

①　指英国资产阶级革命中的两次内战，1649 年元月 30 日，查理一世被送往断头台处死。——译注

是难以统治的。

如果人们想确切地知道种族表现出来的政治能力上的差异，便需要研究被两个不同的种族接连管理过的同一个国家。

历史中不乏这样的事件。古巴和菲律宾最近发生的事件则令人惊异。菲律宾则刚刚由西班牙人殖民转由美国人殖民。

人们知道，在西班牙的统治下，古巴的贫穷和混乱达到什么样的一种程度；而在这个岛国被美国接手后几年间又繁荣到了何种程度。

同样的经历在菲律宾重现，其时的菲律宾已经被西班牙君主统治了几个世纪。但该国最终仍是一个巨大的沼泽地，那儿各类传染病肆虐，既没有商业也没有工业，人民生活悲惨。在经过美国治理的几年后，这个地方完全变了样，疟疾、黄热病、鼠疫、霍乱消失了，沼泽干涸了，有了铁路、工厂、学校。十三年间，死亡率下降了三分之二。

依然不懂得"民族"二字的深刻含义、不知道一个民族其祖先的灵魂的作用大到何种程度的历史学家们，可以看看这些例子。

二、人民对革命的态度

在一切革命中，人民的作用都是一样的。但绝非人民发动、人民指挥着革命。它的作用取决于领导人。

当其利益受到损害时，有些百姓便自发起义，正如人们最近在香槟地区看到的那样。一场地方性的运动就是一场骚乱。

当领导人极具影响力时，那么革命便容易发生了。巴西和葡萄牙就是最新的例子。但是新的思想要想深入人心，还需要漫长的时间。通常，人们认同一场革命，但却不知为什么，当人民有幸明白了这个为什么之后，那场革命早已结束了。

人们之所以进行革命，是因为有人鼓动他们去革命，但对革命领袖的思想知之甚少，人们用自己的方式来揣摩革命，他们与革命发起人对革命的认识大相径庭。法国大革命就是这样一个活生生的例子。

1789 年的大革命，其真实的目的是用资产阶级的统治来代替贵族的统治，也即用有能力的新精英分子替换业已变得无能的旧精英分子。

革命起初的这个阶段无关人民的事。人民当家做主的权力已经明示天下，但只体现在选举代表的权力上。

百姓目不识丁，他们不奢望能像资产阶级那样，在社会阶梯上攀爬，也丝毫感受不到与贵族平起平坐的意义，他们本来也不想这样，人民的看法和利益都与受过良好教育的社会阶层极为不同。

国民公会和王权之间的斗争促使国民公会把人民牵扯进来。人民在其中越陷越深，资产阶级大革命很快演化成为一场人民革命。

一个没有力量的思想，只有依仗情感主义和神秘主义才有所作为，为了打动人民，资产阶级理论思想变成了一种清晰的新信仰，它带有明显的功利因素。

这种转变是迅疾的，当人民听到眼前被视作政府的那些人对它保证说人民翻身做主人后，自视为受害者的人民大众便开始洗劫、纵火、屠杀，并自以为在替天行道。

革命定律的巨大力量在于释放出被传统、法律、环境长久压抑的原始野蛮的本能。

于是，所有的社会约束日渐坍塌。民众体味到了拥有无限权力以及追捕、洗劫前主人的快感。成了至高无上的主宰的民众，还会有什么不敢干的？

"自由、平等、博爱"等口号，是信仰的真实体现，也是大革命之初的向往，但很快它就成了掩饰大众真实动机的冠冕堂皇的词，如贪婪、嫉妒以及仇视高高在上者等，这些动机是任何约束都无法抑制的。这也解释了为何会在那么短的时间内法国就落入无序、暴力和无政府的状态之中。

自大革命从资产阶级蔓延到人民大众阶层之时起，大革命便不再是理性支配本能，而是相反，成了本能竭力去支配理性。

本能对理性的胜利有着合法的借口，但这是一种可怕的返祖现象。社会的一切努力——依靠传统、习俗以及法制对遗传下来的人的动物本能和原始兽性进行抑制——是实现社会延续不可或缺的。对这些本能的抑制是可以实现的——一个民族对其本能的抑制越强，文明程度就越高，但却无法摧毁本能。诸多因素皆可轻易将其激活。因此，放纵民众的激情是很危险的。一如滔滔洪水，一旦越过河床，如不进行大肆蹂躏，它是绝不会善罢甘休的。

里瓦罗尔（Rivarol）① 在大革命之初便说过："这不是对群氓进行启蒙的世纪，这场撼动一个民族之根基的大革命是一场不幸。"

三、人民在革命中的关键作用

大众心理学的规律表明，没有领导人，人民是无所作为的，人民是因听信怂恿而信心满满地大规模地投身革命的，但他们绝不会成为所参与的运动的领导者。

在所有的政治革命中，都会有领袖忙碌的身影。他们不创造革命赖以为继的思想，只用这些思想作为行动的指南。思想、领袖、军队和群众构成了一切革命的四要素，且各有各的作用。

群众在领导人的煽动下，成群结队地行动起来。他们就像是一发发本身没有力量但借助火药的力量洞穿钢板的炮弹。群众很少明白自己参与的革命是怎么回事。他们心甘情愿跟随领袖，甚至连自己到底图什么都懒得去想。只是因为查理十世颁布了几项敕令，他们便推翻了查理十世，但对查理十世所颁布的敕令的内容却是一无所知，若问他们后来为什么又要推翻路易－菲利普，他们肯定会一脸茫然。

包括米什莱（Michelet）、奥拉尔（M. Aulard）等诸多学者都被表面现象所迷惑，他们认为人民是法国大革命的发起者。

米什莱说："大革命的主力是人民。"

奥拉尔写道："关于法国大革命是由几个精英人物、几个英雄发起的说法是错误的……我认为，从 1789 年到 1799 年这段时期的经历来看，没人能够独自左右事件的进程，无论是路易十六、米拉波（Mirabeau），还是丹东、罗伯斯庇尔，他们都无法做到。法国人民是法国大革命真正的英雄这点还用说吗？只要看看法国人民是组织有序还是群氓便知。"

---

①　里瓦罗尔（1753—1801），法国政论家、新闻记者及讽刺诗人。——译注

柯钦（M. A. Cochin）在其最近的一本书中，对人民的作用的看法更是偏激。

> 米什莱说的没错，这是个奇迹。对大革命了解得越多，就越让人感到不可思议；五年间，无领袖、无法律的人民，似群氓，然其指挥、管理及其一言一行，都带着干练、连贯，这是一个无与伦比的整体。无政府状态也让溃败中的秩序派大开眼界……2500万人，在三万平方千米的土地上①，形同一人。

如果人民步调一致的行为正如作者所设想那般是自发的话，那无疑是个奇迹。奥拉尔自己也明白这是不可能的。因为他在谈及人民时，也小心翼翼地说到，人们处在群体之中，群体可能受到一些人的领导。

"后来，是谁巩固了国民团结？谁拯救了遭受复辟反攻的以及被内战弄得支离破碎的国家？是丹东？是罗伯斯庇尔？是卡尔诺（Carnot）②？"诚然，这些人都发挥了作用；但是，法国的完整得以维护，法国的独立得以确保，都是仰仗以人民公社和协会组织起来的法国人团体。是市镇的及雅各宾派的组织击退了欧洲反法联盟。不过在每个团体中，若仔细观察，都可找到2～3个能力出众的人，他们无论是领导者或是被领导者，在工作中，都透着一种领导的气质，人们称之为领导人，在我们看来（如细读人民协会的会议记录便知），他们的力量来自于其团体而非其自身。

奥拉尔的错误在于他认为一切团体都由"一场理性和博爱的运动"而生。在这场运动中，我们找不到任何自发的成分。遍布法国的数千个小俱乐部，唯一接受的便是来自巴黎雅各宾总部的号召，并且心甘

---

① 每法国古里约合四公里。——译注

② 卡尔诺（1753—1823），法国大革命时期的政治活动家、军事家、堡垒防御工事专家，1792年选入国民公会，投票赞成处死路易十六。次年参加救国委员会并负责军事行政工作，成功地组织了许多战役。因不满罗伯斯庇尔的恐怖政策，转而支持热月政变。1795年任督政官，1800年被拿破仑任命为陆军部部长。因主张维护共和制，反对拿破仑称帝，遂退出政界，悉心研究军事和数学。1814年被委任守卫安特卫普，百日王朝时期曾任内政大臣。——译注

情愿任其差遣。这就是事实原貌，有人只是出于对雅各宾主义的迷信而不愿承认罢了①。

四、人民群体及其构成因素

为了解释某些理论概念，人民已被升华成为一个神秘的群体，它集一切权力及一切德行于一身，政治家们对其赞不绝口、恭维有加。但通过对人民在法国大革命中的作用的研究，我们就会明白，对人民的这种概念还需要三思。

无论是当年还是如今的雅各宾分子，在他们看来，人民群体有一种至上的特性，拥有只有神灵才有的属性，它无须为自己的行为担当，也从不犯错。人们对其只有膜拜。人民可以烧杀抢劫，可以犯滔天罪行，它可以在今天把人捧上天，而明天又将其贬得一文不值，但这都没关系。政治家依旧不停地歌颂它的德行、它的大智慧，并把人民的每一个决定都奉为圭臬②。

这个神秘的偶像般的群体，一个世纪以来备受革命者推崇，它是由什么构成的呢？

这个群体可以被分解为两个迥异的类别。第一类由农民、商贩以及各类工人组成，他们需要安宁和秩序来从事生产。这一类人占了人民的多数，但却是一类绝不想革命的多数。他们只想平静地过日子，因而被历史学家忽视。

---

①　奥拉尔在其与德比多尔（Debidour）合著的历史教科书中，对人民在革命中的作用大书特书。其中就讲到了人民自发且坚定地参与革命的内容，如：6月20日白天，"国王革除了吉伦特派大臣的职务。愤怒的巴黎人民自发组织起来，冲进了杜伊勒里宫"。8月10日白天，"立法议会不敢罢黜国王，但巴黎人民，在各省联盟军的支持下，不畏流血，发起了这场必要的革命"。吉伦特派和山岳派的争斗。"大敌当前，这场内讧让人恼火。1793年5月31日和6月2日，还是人民强令国民公会将吉伦特派驱出公会并下令逮捕，从而终结了这场内讧"。

②　连最激进的共和党人都觉得这种看法匪夷所思。法国著名政治家克列孟梭（Clémenceau）写道："让社会主义分子愤懑的是，把一切的美德，如至上的理性，都赋予群众，但确切而言，群众的理性并非总是完美的。"如将克列孟梭的说法换成：群众理性不但不完美，甚而是几乎不存在的，这样应更确切一些。

第二类人是由一群在犯罪意识支配下的具有颠覆性的社会边缘人组成。他们因酗酒和贫困而堕落，成了小偷、乞丐、一文不名者和没本事的失业工人，他们组成了起义军中一个危险的群体。他们是国家一切动荡不安的主要因素。

因害怕惩罚，这类人中的大多数在平时都是老老实实的，不过，一旦可以为所欲为而不受惩罚，他们罪恶的本性便暴露无遗。

让每一次革命变得血腥无比的大屠杀就是由这群阴森恐怖的乌合之众所为。

这类群氓军人，在其头目的带领下，不断冲击主要的革命议会。这群捣乱的军人没有别的想法，只想着屠杀、抢劫、纵火。他们完全不把革命原则和理论当回事。

通过精神传染，并受到运动的吸引，一群游手好闲且无所事事的人又加入到这群来自人民最底层的群氓中。听到别人高呼口号，他们也跟着呼喊口号，看到别人起来革命，他们也跟着革命，但他们却连喊口号、闹革命的最基本的目的也一无所知。这是受氛围感染的随大流、凑热闹行为。

这群心存歹念且不安分的人，却是自古至今一切义军的核心分子，是演说家们唯一看上眼的人，也是其心目中至高无上的人民。实际上，这里的至高无上的人民正是由梯也尔①（Thiers）口中的群氓构成的。

梯也尔说："自从塔西佗目睹了群氓们为皇帝们的暴行欢呼雀跃的情形之时起，群氓卑劣的本性始终没有改变。这些野蛮人在社会底层繁衍生息，随时准备响应权势的召唤。他们以其累累罪行让社会蒙羞，让一切建树都背上骂名……"

历史上没有哪个时代的社会底层人口，其恣意妄为的时间有在法国大革命中那样持久。

自野蛮的大众没了约束伊始，也即自1789年起，早在国民公会之前，

---

① 梯也尔（1797—1877），法国政治家、历史学家。七月革命后，先后担任内阁大臣、首相和外交大臣之职。1871—1873年，梯也尔担任法兰西第三共和国首任总统，血腥镇压了巴黎公社起义。——译注

大屠杀便已开始了。大屠杀手段的残忍令人发指。在"九月大屠杀"① 事件中，人们用马刀一刀一刀地割着囚犯们的肉，这样做既延长了囚犯们的痛苦，又让目睹这惨绝人寰的情景的旁观者们感到莫大的快乐。

类似的情景在法国屡见不鲜，甚至在大革命之初也是如此。对外战争等任何借口都不足以来为此类暴行开脱。

从3月份到9月份，一系列的纵火、谋杀、抢劫等，让法国血流成河。鲁昂、里昂、斯特拉斯堡等都相继落入群氓之手，泰纳（Taine）记录下了发生在上述地方的120个事例。

特鲁瓦市市长的双眼被用剪刀挖出，并在被折磨几个小时后死去。龙骑兵上校贝尔曾斯（Belzunce）被活活剐碎。很多地方，都可见到受害者的心脏被剜出后挑在矛尖上招摇过市的情形。这就是束缚底层民众的体系被轻率解除后，群氓们在原始兽性不受控制的情况下的所作所为。这些暴行得到姑息的原因，就是政治家们要迎合他们以便从中获益。可以设想一下，在那一刻，这数千人融合成为了一个庞大的、残忍的、偏激的怪兽，其状恐怖，连世上最嗜血的暴君都难望其项背。

然而这群暴戾而残忍的人，一旦遭遇到一个比自己更强大的对手，又会变得极其乖巧。这群人的残暴是无边的，他们的奴性也是无边的。所有的专制者都对其大加利用。而恺撒一类的强人，如卡里古拉②（Caligula）、尼禄（Néron）、马拉（Marat）、罗伯斯庇尔或布朗热（Boulanger）等，则是这群人的偶像。

除了这群在革命期间发挥主力作用且具有破坏性的群众之外，剩下的便是之前提及的只想过安稳日子的真正的群众。他们有时也会从革命中受益，但绝不想革命。革命理论家们对其知之不多，也不看重他们，觉得他们从骨子里就是传统且保守的。但他们才是一个国家的

---

① 1792年9月2日，凡尔登被包围的消息传到巴黎后，巴黎民众担心监狱中的保王党和拒绝宣誓的教士进行报复，于是闯入监狱，擅自处死了一千多名犯人，史称九月大屠杀。——译注

② 罗马帝国朱利亚·克劳狄王朝第三任国王盖约·恺撒的别名，拉丁文Caligula是其别名，有"小军靴"之意，公元37—41年在位，因其残酷且荒淫无道而闻名。——译注

中流砥柱，并且始终如一、尽其本分。由于胆小、恭顺，因而极易为领袖所左右，并在其影响下，一时间也可以做出疯狂之举，但在传统力量的约束下，他们很快又会回到正轨，这就是他们很快厌恶革命的原因。其固有的传统意识促使其在无政府主义成灾时站起来与之对抗，并找寻一位带领他们重建秩序的领袖。

这样的人民并没有很高的政治觉悟，也没有复杂的思想，他们温顺且本分。他们心目中理想的政府其实十分简单，就是一种极类似独裁的政府。自希腊雅典共和国至今，在无政府状态结束之后总是一成不变地出现这种形式的政府，个中原因恰是如此。在第一次大革命之后出现的波拿巴独裁政府受到了广泛欢迎；第二次大革命后也是如此，尽管一片反对声，但四轮全民表决，路易·拿破仑·波拿巴① （Louis Napoléon Bonaparte） 均当选为共和国总统及皇帝，借助公民表决，他的政变还合法化了，法兰西帝国由此得以顺利建立，一直到 1870 年普法战争前，他的统治都是合法的②。

无疑，人民在这些事件中受到了蒙蔽。但若没有这些导致混乱的革命伎俩，人民也不会去想办法来摆脱这些混乱。

要想弄清楚人民在革命中的作用，本章所提及的事件是不应被忽视的。人民的作用是巨大的，但又极为不同于传闻中的那样，但传闻能给人以鼓舞。

---

①　路易·拿破仑·波拿巴（1808—1873），即拿破仑三世（Napoléon Ⅲ Bonaparte）。法兰西第二共和国总统（1848—1851），法兰西第二帝国皇帝（1852—1870），为拿破仑一世之侄，拿破仑二世之堂兄，荷兰国王路易·波拿巴与奥坦丝·德·博阿尔内王后之幼子。——译注

②　1848 年法国二月革命爆发后，路易·拿破仑·波拿巴回到法国。9 月当选制宪议会议员。12 月 10 日凭借拿破仑一世的名望和农民选票当选为共和国总统。1849 年远征罗马，协助教皇绞杀罗马共和国。1850 年颁布法卢法，让教士重新控制学校；取消普选权。1851 年 12 月 2 日他发动政变，解散立法议会，并通过公民投票使政变合法化，逮捕一切反对他的议员，稍后，又镇压了巴黎无产阶级的反抗。1852 年 12 月 2 日，路易·拿破仑·波拿巴称帝（拿破仑三世），建立法兰西第二帝国。1870 年普法战争中亲临前线，同年 9 月 2 日在色当战败投降，被俘入狱，时年 62 岁。《法兰克福条约》签订后被释放，随即流亡英国，仍坚持其复辟帝制活动。1873 年 1 月 9 日病故于英国，享年 65 岁。——译注

第二篇　革命中的主流心理形态

第一章　革命中个体性格的变迁

一、人格的变化

我一直强调存在着一种性格理论，不借助这种理论，就绝不可能理解行为在某些时候的变迁，特别是在革命时期的变迁。以下就是其中的主要观点。

如果环境不变的话，那么个体惯常的精神心理几乎也是一成不变的，但在重大事件发生之时，每位个体的性格都有可能发生改变。

我们身边的人都是一些特定的但非所有的环境的产物。每一个"我"都是由不计其数的"小我"（moi celluaire）组合而成的，它是祖先人格的沉淀物。在社会环境不变的时候，这些"小我"之间达成了相当稳固的平衡关系。一旦环境发生重大改变，如在动荡时期，这些平衡即被打破，组合体随之解体并重组为一种新的人格（personnalité），由此，同一个体便表现出与其之前截然不同的一些思想、情感、举止。在法国大恐怖期间，一些因文雅而著称的原本诚实的资产者和温和的官员却变得嗜血成性就是这个道理。

在环境的影响下，先前的人格可以完全变成另外一种人格。重大政治或经济危机的始作俑者在这点上似乎与我们有着本质的不同，但其实他们与我们无异。同样的事件会塑造出同样的人。

拿破仑对性格的变化感触最为深刻，他在圣赫勒拿岛

（Sainte Hélène）说：

"因为我深知，偶然性在我们做政治决策中的作用，还因为我对在动荡年代带领群众的党派，一直毫无偏见且极为宽容……在革命中，人们只能相信自己的所作所为，因为若断言人们别无选择，这也许不明智……当人们想公正无私时，却发现人性是最难把握的。人们彼此会主动去了解与解释吗？这就是环境造就的善与恶。"

当正常的人格在某些事件的影响下分崩离析后，新的人格是如何形成的呢？有若干种途径可以为之，其中最为有效的是借助一种强烈的信仰。信仰可以将所有的知性因素加以规整，就像磁铁把磁性金属粉末聚合为有规则的曲线一般。

在十字军东征、宗教改革运动，尤其是在法国大革命这类的重大危机时期，所观察到的那些个性就是如此形成的。

在正常时期，环境几乎没有变化，人们只会观察到身边的个体都是清一色的一种人格。但在某些环境下，人们却会有好几种人格，且彼此之间会相互取代。

这些人格彼此间可以是相互矛盾的，甚至是对立的。这种现象在正常状态下尚不显山、不露水，但在某些病理情况下就会特别明显。一个人身上有数种人格的例子，在病态心理学中多有记载，莫顿·普林斯（Morton Prince）和皮埃尔·雅内（Pierre Janet）二人曾数次提及。

在整个人格变迁中，智力是不变的，只是情感在变，情感聚合形成性格。

二、革命年代主流集体性格的构成因素

在革命中，人们发现通常被压制的多种情感得到了发展，社会约束被摧毁后，便任由这些情感宣泄了。

这种由法制、道德、传统构建而成的社会约束，并不会被完全打破。其中若干个约束历经动乱而存续下来，并对遏制危险的情感迸发起到一定的作用。

最强的约束来自于民族意识，它决定了同一个民族中大部分个体的观察、感受、意愿等心理活动的方式，构成了代代传承的习俗，没有比习俗更为强大的民族纽带了。

民族意识的影响力限制了民族的改变，尽管有一些表浅的变化，但民族命运的走向依旧是可控的。

仅从历史叙述便可看出，法国民族心理在一个世纪中发生了翻天覆地的变化。在极短的时间内，这种心理便经历了从法国大革命到恺撒主义，接着便是复辟，随之又是革命，最后出现一位新恺撒。但实际上发生改变的只是事物的表层。

我们不必在一个民族发生改变的程度上做过多纠缠，马上要探讨的是一些情感因素。在革命期间，正是这些因素的演变导致了个体或集体人格也发生了变迁。这里特别要提及的是仇恨、恐惧、野心、嫉妒、虚荣以及热情等因素。因为人们已经注意到这些因素在历史动荡中的作用，尤其是在法国大革命期间的作用，法国大革命为我们提供了所需的素材。

仇恨

当人们研究大革命期间人的心理时，最让人震惊的情感便是仇恨，人们因仇恨而革命，他们仇恨人、仇恨事、仇恨制度。他们不但仇恨敌人，连自己阵营中的成员也仇恨。最近有位作家便写道："如不加保留地听信他们彼此对对方的评价，那么他们都将会是叛徒、无能之辈、夸夸其谈者、卖身投靠者、杀人犯或暴徒。"人们知道，吉伦特派、丹东派、埃贝尔派① （Hébertiste）、罗伯斯庇尔派等，它们之间你死我活的缠斗就是出于这种仇恨，一种置对手于死地也难以消解的仇恨。

产生这种仇恨的主要原因就是这些狂躁的宗派分子，自视为掌握绝对真理的使徒，他们像所有信徒一样，容不得其他的见解。神秘主义的或情感主义上的自信，使其总是强求别人归顺自己，一旦有机会进行屠杀时，他们绝无罪恶感，也绝不退缩。

仇恨使得法国大革命的参与者们彼此心存芥蒂，若这些仇恨源自

---

①　法国大革命期间雅各宾派的左翼。——译注

理性，那么它将不会长久，如仇恨源于神秘主义的或情感主义的因素，那么它就无法消弭。派系虽有不同，但仇恨却是同源，同样都用暴力来宣泄仇恨。一些文献表明，就血腥程度而言，吉伦特派的所作所为并不比山岳派好多少。依据时任巴黎市市长佩蒂翁（Pétion）的说法，第一个提出失败的党派应该灭亡的是吉伦特派，根据奥拉尔的描述，吉伦特派还试图让九月大屠杀合法化。大恐怖不应当被视作一个简单的自卫手段，而应当将其看成是获胜方的信徒用来对付其厌恶的敌人的惯常的摧毁手段。最为崇尚思想多元化的人却无法容忍异己的信仰。

在政治或宗教冲突中，失败者不可能得到宽恕。自苏拉① （Sylla）割断 200 名议员以及 5000～6000 名罗马人的喉咙时代起，直至 1871 年②的巴黎公社的胜利者在获胜后用步枪和机枪射杀约 2 万名战败者，这条血腥的定律就从来没有失效过。过去是这样，将来仍会是这样。

另外，大革命的仇恨并不仅仅源于信仰上的分歧。其他的情感如嫉妒、野心、自尊心同样也可滋生仇恨，它们对不同派系间的仇恨起到了推波助澜的作用。个体间争夺支配权的斗争，将各个集团的领袖们一个个送上了断头台。

还需注意的是，分裂以及由分裂带来的仇恨似乎就是拉丁民族灵魂的构成要素。我们的高卢祖先就为此而丧失了独立性，连恺撒也为此而大为感喟：

"没有哪座城市不分为两派；没有哪个州、哪个村、哪个家庭不为自己的派系归属而苦恼，若某个城市在一年中没有起兵攻伐或御敌，那将是一件相当稀罕的事。"

人类只是刚刚步入知识时代，而之前则一直受情感和信仰所摆布，因此，对仇恨在人类历史中的巨大作用可想而知。

指挥官兼军校教员科兰（Colin）在下面的文字中，指出了情感因

---

① 苏拉（约公元前 138 年—公元前 78 年），古罗马政治家，军事家，独裁官。苏拉长期在军队中担任统帅，公元前 88 年他当选执政官，并被元老院选为东征统帅。

② 此处在"巴黎公社"前添加"1871 年"（原文没有）是为了和大革命期间的巴黎公社相区别。——译注

素在某些战争中的重要性：

> 尤其在战争中，没有什么东西比仇恨更具有煽动性了；仇恨让普鲁士人战胜了拿破仑。那些最为经典的战役，那些最为关键的军事行动，若不是天才的腓特烈大帝或拿破仑的杰作的话，那么就必然是激情而非算计的结果。1870 年的战争①，如没有德国人对我们的仇恨，战争的结果如何就很难说了。

作者在此还应当添加上日本人对俄国人强烈的仇恨，俄国人对日本人曾经百般羞辱，这是日本人获胜的因素之一。俄国士兵几乎无视日本人的存在，对其就更谈不上有什么仇恨，这也是俄国人失利的原因之一。

法国大革命期间谈论较多的无疑是博爱，至今依然为人们所津津乐道。和平主义、人道主义、团结主义是进步政党挂在嘴边的口号，不过人们清楚，隐藏在这些字眼之后的仇恨有多深，它对现实社会的威胁有多大。

恐惧

恐惧在革命中的作用几乎和仇恨是一样的。法国大革命既展现了个体的巨大勇气，也呈现了集体的极度恐惧。

面对断头台，国民公会议员总是大义凛然；但是在骚乱分子冲击议会进行威胁时，他们却表现得十分懦弱，面对最为荒谬的要求也是唯唯诺诺，这点我们将在总结革命议会历史时再行赘述。

这个时期的恐惧形式多种多样。最普遍的恐惧形式便是温和。国

---

①　1870～1871 年普鲁士同法国之间的战争。因争夺欧洲大陆霸权和德意志统一问题，普法两国之间关系长期紧张。1870 年 7 月 14 日，俾斯麦发表了挑战性的"埃姆斯密电"，触怒了法国政府。7 月 19 日，法国对普宣战。战争开始后，法军接连败北。9 月 2 日，拿破仑三世亲率近十万名法军在色当投降。4 日，巴黎爆发革命，成立第二共和国。但普军仍长驱直入，包围巴黎。1871 年 1 月 28 日，巴黎失陷，两国签订停战协定。2 月 26 日，双方在凡尔赛签订初步和约。5 月 10 日在法兰克福签署了正式和约。这一次战争使普鲁士完成了德意志统一，结束了法国在欧洲的霸权地位。——译注

民公会的成员、检察官、特邀代表、革命法庭的法官等，都竞相抨击对手，以彰显自己的激进。恐惧是这个时期的犯罪动机之一。如果出现奇迹，恐惧得以在革命议会中销声匿迹的话，那么他们的行为就将完全是另外一副样子，大革命也将因此而走向完全不同的一个方向。

野心、嫉妒、虚荣及其他

正常情况下，各种情感因素的影响力都受到社会规范的制约。例如，在一个等级制的社会里，野心必然要受到限制。一个士兵有可能成为将军，但必定要经历漫长的等待。但在革命时期就不必等待了。鉴于每一个人都可以在极短时间内爬上社会顶层，因而，大家的野心都是极度膨胀。最卑微的人都自认为可以胜任最高的职位，也正是由于这个原因，其虚荣心便一发不可收拾。

在野心、虚荣心等所有的激情都同时受到一定的抑制之际，对一夜间飞黄腾达的人的嫉妒却在日渐滋长。

在革命时期，嫉妒的作用一贯是重大的，尤其是在法国大革命时期。对于贵族的嫉妒是诱发大革命的重要因素之一。资产阶级已经崛起，并在能力上和财富上完成了对贵族的超越。尽管和贵族们的融合越来越深，但是和贵族们的距离感还是无法消除，由此便滋生出一种特别强烈的愤懑。这种精神状态让资产阶级在不知不觉中成了"平等"哲学教条的忠实拥护者。

嫉妒心和受伤害的自尊心是引起仇恨的原因。如卡里耶、马拉等几位国民公会议员，每当他们回忆起自己在大贵族门下谋生的情形，无不愤恨不已。但在贵族社会影响力荡然无存的今天，我们实在不理解这种仇恨。

罗兰（Roland）夫人绝不会忘记，在旧社会的某天，自己和母亲在一位贵妇人家做客时被人领到配餐室去吃晚餐的情景。

哲学家里瓦罗尔在下面这段话中明确指出了受伤害的自尊心和嫉妒心在诱发革命仇恨过程中的作用，泰纳也曾引用过这段话：

> 最让国民痛恨的既不是税赋，也不是密函，既不是当局的贪渎，也不是总管的欺凌和司法的拖沓，而是贵族们的歧视，国民

对这种歧视深恶痛绝。得出这种结论基于这样的事实：资产阶级、知识分子、富裕人士以及所有嫉妒贵族的人们，他们从乡村到城市，四处鼓动市民、农民们起来对抗贵族阶级。

上述精确的分析也部分证实了拿破仑的话："虚荣心导致了大革命，自由只是大革命的借口。"

热情

大革命发起者的热情丝毫不亚于穆罕默德信仰的传播者。资产阶级在第一次国民会议时打算建立起来的正是一种宗教。他们意欲摧毁一个旧社会并在其废墟上建立起一个不同的文明。诱人的幻想打动人心。新教义所宣称的平等和博爱将给所有人带来永恒的幸福。人们将告别黑暗的、野蛮的过去。新生的世界在纯理性光辉的照耀下熠熠夺目。最雄辩的说辞在各地回荡，迎接依稀可见的黎明的到来。

这份热情之所以很快就演变为暴力，是因为觉醒是迅速且可怕的。不难想象，当梦想在现实生活中碰壁后会激起怎样的怒火，而大革命的先行者们正是带着这份怒火奋起反抗的。他们起初想抛弃过去、忘记传统、重塑人类。然而过去却挥之不去，人们也拒绝自我改变。改革家们虽步履维艰，却不打算放弃。他们试图用独裁来推行自己的主张，结果却适得其反。人们立刻便怀念起被推翻的政权，最终导致复辟。

需要注意的是，如果说最初的热情在国民议会中并未持续多久，但在军队中却一如既往，并成了军队主要的动力。事实上，早在法国成为共和国之前，大革命的军队便已信奉共和主义了，而在法国不再是共和国之后很久，军队依然信仰共和主义。

本章所分析的性格上的变化其产生的前提条件有两个：要有一定的共同的期待，要有相一致的环境变化，而这些变化最终固化成为几种均质的心理状态。其中最为典型的有四类心理：神秘主义心理、雅各宾心理、革命心理和犯罪心理。

第二章　神秘主义心理和雅各宾心理

一、革命年代主流心理的分类

分类在于把一种连续的事物割裂开来使之成为片段，若无分类，科学研究便无法进行，鉴于此，可以在某种程度上说，分类是人为的。由于连续只有在中断的形式下才能加以端详，因而分类是必需的。

如要把在革命时期观察到的种种心理进行切分，则定要把彼此重叠、交织、交错在一起的一些因素区别开来。而为了得到明晰的认识，则必然要牺牲一定程度上的精确性。前一章节末尾所列举的且我们在此要描述的那几个基本类型涵盖了尚未被分析过的一些群体，人们有必要弄清楚它们的来龙去脉。

我们已经分析过，人的行为是在一些各不相同的逻辑的支配下进行的，这些逻辑相互并列。通常，它们彼此间互不影响，但在各种事件的影响下，它们之间会产生冲突，彼此间的差异也会由此变得异常明显，并使得个体和社会产生诸多的混乱。

在我们马上要谈及的雅各宾心理中，神秘主义逻辑起到了非常重要的作用。但该逻辑并非唯一发挥作用的逻辑。其他形式的逻辑如情感逻辑、集体逻辑以及理性逻辑，会依据环境的变化而发挥主要作用。

二、神秘主义心理

在此先不谈情感逻辑、集体逻辑以及理性逻辑，而只关注神秘主义因素在革命中尤其是在法国大革命中的支配作用。

　　神秘主义意识的特点表现在它赋予一些人或事物以一种神秘力量，并以偶像、图腾、文字和程式来使之具体化。

　　神秘主义意识是一切宗教的基础，也是绝大多数政治信仰的基础。但政治信仰一旦被剥离了其赖以为继的神秘主义因素便会崩塌。

　　神秘主义逻辑与受其左右的情感和激情相结合，给群众运动注入了情感和激情的力量。极少有人准备为理性而牺牲，但却有非常多的人心甘情愿为其膜拜的神秘主义理念而奉献生命。

　　法国大革命的信仰所激起的神秘主义的狂热堪比之前出现的由各种宗教所引发的狂热。但大革命信仰只是对数世纪以来根深蒂固的传统心理加以引导、改变而已。

　　由此，国民公会成员所流露出来的狂热就很好理解了。他们的神秘主义心理和宗教改革运动时期的新教教徒们的心理没什么两样。大恐怖时期的主角们，例如，库通（Couthon）、圣茹斯特（Saint-Just）以及罗伯斯庇尔等人，实际上就是大革命信仰的使徒。他们就像波利厄克特①（Polyeucte）一样，摧毁供奉着虚无的神的祭台，以便宣扬自己的信仰，他们渴望说服所有的人。他们的热情泛滥，坚信自己的神秘主义范式足以推翻一切君王，他们迫不及待地向国王们宣战。游移不定的信仰总是不敌强烈的信仰，因而他们在欧洲得以所向披靡。

　　大革命领袖们的神秘主义意识还一览无余地体现在其公共活动中。罗伯斯庇尔确信自己有来自上天的支持，他在一次讲话中确认，至高无上的神"自世界之初始便已敕谕施行共和制"。他以一种国教大祭司的身份，促使国民公会颁布一项法令，宣称"法兰西民族承认至高无上的神的存在以及永恒的灵魂"。在至高无上的神的节日里，他端坐在王座上，进行长时间的布道。

　　罗伯斯庇尔领导的雅各宾俱乐部最终担负起了宗教评议会的所有

---

　　①　波利厄克特，高乃依的同名小说（1643）中的主人公。他总是烧毁自己崇拜过的东西。这些东西曾是他的上帝，他烧掉它们，不让它们绝对化。他受神旨的感召，反抗罗马统治者的迫害，为基督教事业献出自己的生命。——译注

职能。玛克西米利安①（Maximilien）在此间宣布了"伟大的神的旨意：眷顾受欺压的无辜者，惩罚霸道的作奸犯科者"。

所有批评雅各宾正统性的异端分子都被驱除出教会，也即被送交革命法庭处理，其下场也唯有被送往断头台。

神秘主义心理最典型的代表便是罗伯斯庇尔，但它并没有随着罗伯斯庇尔的死亡而消亡。一些具有这种心理的人物至今仍然活跃在政治舞台上。驾驭他们灵魂的不再是古老的宗教信仰，而是政治信条，他们如罗伯斯庇尔一样，一有机会便要将自己的政治信条强加给他人。各个时代的神秘主义分子，一旦他们执掌权柄，为了宣扬自己的信仰，都会采用同样的规劝办法，即时刻准备进行屠杀。

罗伯斯庇尔拥有众多追随者也就很自然了。类似他的人数以千计。人们把罗伯斯庇尔送上断头台，但他的思维观却没有被一道处死。这些思维观伴随着人类继续存在下去，直至其最后一名信奉者。

革命的神秘主义因素被众多历史学家所忽视。他们一直致力于借助理性逻辑来解释与理性逻辑无关的诸多现象。我已经在另一章中引用了拉维斯和朗博先生在其合著的史书②中的一段话，其中宗教改革运动被解释成为"普通百姓基于一种极为虔诚的知觉（conscience）和一种极为大胆的理性（raison）而进行个人独立思考（réflexion）的产物"。

若认为这些运动的发生是出于理性，那么就永远不会弄懂这些运动。改变世界的政治的或宗教的信仰，它们有着共同的起源并遵循着同样的规律。信仰的形成与理性无关，反之，它们还与理性相悖。佛教、基督教、伊斯兰教、宗教改革、巫术、雅各宾主义、社会主义、通灵论等信仰，它们看起来差异很大，但我还要再重复一次，它们都是在情感主义和神秘主义的基础之上形成的，它们遵循的逻辑与理性逻辑不相干。这些信仰的意义在于其恰好证明了理性既不能创造也不能改造信仰。

我在一份报刊上看到一篇专门谈论刚刚履职的一位部长的文章，

---

① 也即罗伯斯庇尔，其全名为马克西米连·德·罗伯斯庇尔（Maximilien de Robespierre）。——译注

② 拉维斯和朗博（Ernest Lavisse et Alfred Rambaud）合著的《5世纪至今通史》（第一卷）。——译注

该文章淋漓尽致地呈现了我们当代的政治使徒们的神秘主义心理。

　　一问起这位 A 先生是属于哪类人，答案也许是他是没信仰的人。真滑稽！我们非常清楚他没有任何确定的信仰，他诅咒罗马天主教和日内瓦新教，他排斥一切传统的教义及一切已知的教会。他与信仰坚决地决裂，仅为腾出一块空地来构建自己的教会，但他的教会只会更专横，其宗教裁判所的残忍度不亚于人所皆知的托奎马达① （Torquemada）宗教裁判所。

　　他宣称"我不接受学校中立。我们要求世俗的教育要全方位进行，由此，我们反对教育自由化"。他之所以没有提及动用火刑，是因为道德的进步，使他不得不有所顾忌，纵然在某种程度上他对此不以为然。尽管他无法继续对人施虐，但他却可以使用世俗的力量来扼杀异己的学说。这就是宗教裁判所法官们的做法，是对思想的扼杀。这位自由的思想家的思维是如此自由，以至于在他看来，任何他所排斥的哲学不仅是荒谬怪诞的，而且还是罪恶的。他自诩掌握着绝对的真理。他坚信，任何与其相悖的人都是可憎的，都是人人得而诛之的。他丝毫不认为自己的观点仅是一种臆测，他自己的观点就是旨在消灭神权，但他却强调自己神圣的特权，这点尤为荒谬。或者可以说，他在声称要消除神权的同时，却又以另一种方式重建了神权。看到这个神权，人们不禁想起以前的神权来。这位 A 先生是理性女神的信徒。他把理性变成了一位嗜好祭品的压迫别人的摩洛克神。除了他自己和其同党之外，任何人都没有思想的自由，这便是 A 先生的自由思想。这样的前景的确很吸引人。但为了它，数世纪以来，人们业已摧毁了太多的偶像。

为了保障我们的自由，我们希望这些阴鸷的狂热分子不要变成我们的统治者。

---

　　① 托奎马达（1420—1498），西班牙多米尼克教派修道士，是西班牙第一任宗教裁判官。——译注

鉴于理性帝国并非建立在神秘主义信仰之上，因此，有关革命或政治思想的理性价值是如何形成的讨论是没有意义的。我们只是对这些信仰的影响感兴趣。那些有关人的平等设想，有关人的与生俱来的善良本性，有关依法重塑社会等方面的理论，它们都已经被观察和实践所揭穿，这点也无须多言。不切实际的幻想应该是人类已知的最强大的行为动因。

三、雅各宾心理

尽管"雅各宾心理"一词并非属于分类法范畴，但我还是想用这个词，这是因为它高度概括了一类客观存在的心理类别的所有特征。

这种心理支配着法国大革命时期的人，但却不是他们所特有的，因为这种心理至今仍是我们政治中最为活跃的因素。

上文所探讨的神秘主义心理是雅各宾心理的一个基本要素，但并非全部。我们马上来探讨其中其他的相关因素。

雅各宾党人丝毫没有意识到他们自身的神秘主义意识。反而声称自己仅遵循纯理性的指导。在大革命期间，他们不停地提及理性，并把理性作为自己行动唯一的指南。

大部分的历史学家都认可了雅各宾党人的意识是出于理性主义这样一种观点，泰纳也犯了同样的错误，这导致他在探究雅各宾党人的大部分行为的源头之时过多地仰仗理性。不过他在对雅各宾党人的分析中也有很多的真知灼见，鉴于其中不少广为人知，在此仅仅引述最为重要的部分。

> 过分的自尊和教条主义推理，二者在人类身上都不少见。雅各宾精神的这两个根基在每一个国家都是深藏不露且绵延不绝的。二十年前，一个年轻人降临到这个世界上，他的理性和自尊同时受到了挫折。无论他来到的是一个什么样的社会，从纯理性而言，首先这个社会都是一个不堪的事物，因为这不是一个明理达观的立法者依据一个简单的原则建立起的社会，这是数代人依据自身诸多莫衷一是的需要、前赴后继建设起来的社会。社会不是逻辑

的产物，它是历史的产物，面对这个古老巨大的建筑物，它的基石是随意选定的，它的建筑结构是松散的，它有很明显的修补痕迹……对此，刚到来的这个理性主义者（un raisonneur débutant）只能无奈地耸耸肩。大部分的年轻人，尤其是那些有着自己追求的年轻人，在走出校门之际，或多或少都受到雅各宾思想的影响……正如腐质土壤适宜长蘑菇一样，社会的腐质适合雅各宾党人的繁衍生息……看看雅各宾思想的真实的丰碑……罗伯斯庇尔和圣茹斯特的演说，立法议会和国民公会的辩论，吉伦特派和山岳派人的高谈阔论、致辞和报告……从未有过如此空洞无物的长篇大论，一味地唠唠叨叨、废话连篇、信口雌黄、华而不实，真理就这样湮灭在乏味单调的夸夸其谈中……雅各宾派无比推崇的就是自己理性主义脑海中的那些空想；在雅各宾党人看来，这些空想要比活生生的人更真实，雅各宾党人唯一考虑的便是这些空想为其带来的选票……雅各宾派真诚地希望能有大批的追随者前呼后拥伴其前行……雅各宾派会依据自己的意志塑造出数以百万计的形而上学的意志，这些意志将会异口同声地支持它，它则要以自己的声音对外面胜利的欢呼声做出内在的回应，状如一场大合唱。

除了敬仰泰纳的描述外，我还认为，他没有准确把握雅各宾派其真正的哲学。

在大革命时代以及如今，真正的雅各宾党人的意识都是由诸多因素构成的，对其应该加以解构，以便明确其中各因素的作用。

这个分析首先便为我们揭示出，雅各宾党人并非理性主义者，而是教徒。他们的信仰并非建立在理性之上，而是用信仰来塑造理性，即便其言语中充斥着理性主义，但其思想和行为中还是罕见理性的踪迹。

一位被人指责言行不一的理性雅各宾分子（un Jacobin raisonnant），应该有时会倾听理性的声音。但对自大革命至今的观察表明，雅各宾党人从来就不曾受到某种理性思考（un raisonnement）的影响，无论该思考正确（justesse）与否，当然这也是雅各宾党人的力量所在。

为什么雅各宾派会这样？唯一的原因是其目光短浅，这使得它无法摆脱强烈冲动的影响，而任由冲动左右。

但仅有丰富的激情与微不足道的理性这两个因素尚不足以构成雅各宾心理，还有另外一个因素。

激情支撑着信念，而非创造了信念。不过，真正的雅各宾党人都有坚定的信念。那么这些信念的支撑会是什么呢？至此，上文我们提及过的神秘主义因素便浮现出来。雅各宾主义是一种神秘主义，它用新的神代替了古老的神，它凭借文字和惯用语的力量，使得新的神拥有了一种神秘的力量。为了侍奉这些挑剔的神，它不惜诉诸最为暴力的手段。如今的雅各宾分子投票通过的法律可兹证明。

雅各宾心理多见于性格偏执和狂热的人，他们的思想僵化、狭隘，听不进任何批评以及任何有悖于其信仰的意见。

神秘主义以及情感主义因素左右着雅各宾党人的灵魂，导致其行为做事过于简单化，他们只知道事物间肤浅的关系，他们把脑子里一闪而过的念头当成是事实。他们不懂事物之间的前因后果，他们眼里只有自己的梦想。

大家知道，雅各宾分子犯错并非由于其理性逻辑过多，而是其理性逻辑太少，这也是他们变得如此危险的原因。在有识之士犹豫、却步的地方，那些几无理性的雅各宾分子却在冲动的裹挟下大大咧咧走上前去。

即便是一个伟大的理性雅各宾主义者，也绝不意味着他是受理性的支配，他其实是受神秘主义和激情的左右，但却自认为在理性的支配下行事。像所有囿于自身信仰不能自拔的坚定分子一样，雅各宾党人也无法摆脱自己的窠臼。

雅各宾分子是真正的好斗的神学家，其与前一章中描述过的加尔文的门徒惊人地相似。这些加尔文门徒在其信仰的蛊惑下，什么都不能使之屈服。所有与其信仰相悖的人都应当被处死。他们也像是一些强大的理性主义者一样，认为只有理性指引自己，却不知自己被秘密的力量所左右，而事实上，神秘主义和激情才是他们唯一的主宰。

真正理性的雅各宾党人是令人难以理解的，他的存在只会让理性感到绝望。相反，充满神秘主义色彩的狂热的雅各宾分子却是非常容易理解的。

上述三种因素——几许理性、强烈的激情和浓厚的神秘主义——是构成雅各宾精神的三种真正的心理因素。

第三章　革命心理和犯罪心理

一、革命心理

我们刚刚讨论了神秘主义的因素是雅各宾灵魂的组成部分之一。接着我们就来看看它在另外一种心理模式也即革命心理中的模样。

每一个时期的社会总包含有一定数量的焦虑、彷徨和不满的人，他们随时准备起来反抗既定的社会秩序。他们对造反有着赤裸裸的嗜好，即便有一种神奇的力量能轻而易举地实现了他们的欲望，他们依然还要造反。

这种特殊的心理通常是由于个体难以适应环境造成的，它也许源于极端的神秘主义。不过这种心理也可能是一种性情上的问题或是一些病理问题。

这种造反欲望也有程度上的差异，可以从单纯以话语来发泄对人和事的不满，一直到暴力摧毁。有时候，无处发泄的革命怒火只能朝自己发泄。俄国就充斥着这类疯子。如阉割派（skopzis）① 以及其他类似派系的门徒们，在纵火及向人群中乱扔炸弹依旧不能满足他们之后，他们开始自相残杀。

这类终身造反者一般都是一些受心理暗示影响的人，他们的神秘主义灵魂受到一些挥之不去的念头困扰。尽管他们的行为看起来劲头十足，但实际上他们性格软弱，无法抵御冲动，因而被冲动所左右。激励他们的神秘主义意识是其暴力行为的根源，也是他们自视为伟大

_____

① 18 世纪下半叶出现在俄罗斯的东正教的一个分支，英文名为 skoptsy，中文名为"阉割派"，男教徒自行阉割，女教徒自切乳房。——译注

的改革者的缘由。

在正常情况下，社会的反叛者受到法律、环境的约束，简而言之，受到社会规定的约束，因而发挥不了影响。在混乱不堪的年代，这些约束被弱化，反叛者便得以兴风作浪、为所欲为，并成了各个运动的领导者。革命的动机对他们而言是不重要的，红旗也好，白旗也罢，甚至道听途说的国家解放，为了这些，他们无所畏惧，宁可牺牲自己。

革命精神并不总是意味着走极端，这样很危险。革命精神若非源于神秘主义或冲动，而是源于理智，那它就是进步的源泉。独立的精神造就出理智的革命者，仰仗这种革命者，一种文明方可成功地摆脱那业已变得过于沉重的传统和习惯的桎梏。科学、艺术、工业等，无不借此实现了进步。伽利略、拉瓦锡、达尔文、巴斯德就是这样的革命者。

一个民族没必要拥有太多这样的革命者，但必定要有几个这样的人。否则人们至今还会居住在洞穴中。

发明创造道路上的这种革命胆识，需要一些非比寻常的能力与之相配。尤其需要一种精神的独立，以避免世俗观点的影响，还需要一种判断力，以把握掩藏在相似的外表之下的本质。这种类型的革命精神是创造性的，而之前提及的革命精神却是破坏性的。

革命心理其实反映的是个人生活中的某些心理状态，但若过度了，就成了有百害而无一利的病态心理。

二、犯罪心理

所有的文明社会都必然会受到一些社会残渣的拖累，这些人要么是智力有缺陷的，要么是难以适应社会的，抑或是有着各式污点的。流浪汉、乞丐、通缉犯、小偷、杀人犯、穷光蛋，这些得过且过的人构成了大城市的犯罪群体。在寻常时期，这些文明的弃儿多少受到警察和宪兵的管束。但到了革命时期，不再有任何的约束，他们便杀人越货，肆无忌惮。各个时期的革命者从这些人中肯定能找到兵源。这些人嗜好抢劫和谋杀，而对他们所应捍卫的事业感到无所谓。一旦发觉在对立阵营中杀人越货的机会更多的话，他们便会立刻投靠对方。

　　这些都是实实在在的罪犯，他们是社会的痼疾，除此之外，还有所谓半犯罪群体。偶尔作奸犯科者，他们绝非造反者，对于既定秩序的畏惧使得他们不敢造次，一旦秩序弱化，他们便加入到革命帮派中去。

　　这两类罪犯——惯犯和偶尔的罪犯——构成了一支只会制造混乱的不安分的军队。但所有的革命者，所有的宗教或政治团体的创建者们，却时常要仰仗他们。

　　这部分有着犯罪心理的群体在法国大革命期间发挥了巨大的作用。他们总是出现在此起彼伏的骚乱的第一线。部分历史学家说起人民的意志便满怀激动，伟大的人民带着武器，枪尖上挑着刚刚砍下的人头，侵入议会大厅，向国民公会表达自己的意志。如果人们分析这些所谓伟大人民的代表的组成成分，人们就会发现，除了一小撮头脑简单跟着领导人亦步亦趋的人之外，剩下的就是我在前文刚刚描述的那些匪徒。诸如，九月大屠杀以及法国路易十六王室兰伯娜（Lamballe）公主被杀这类不计其数的杀戮都是这些人的杰作。

　　从制宪议会到国民公会无不对其胆战心惊，他们蹂躏法国长达十年。如果老天开眼，将这支犯罪军队加以剪除，那么大革命的进程就会截然不同。大革命从头至尾都充满血腥。理性对于他们是无可奈何，他们对理性也是不屑一顾。

第四章　革命群众的心理

一、群众的一般特征

无论革命的起因是什么，革命只有在深入人心之后才能达到效果。革命是人民群众心理的一种反应。

尽管在另一本著作中我们已经研究过集体心理，在此我还要再次复述一下其中的主要规律。

作为群体的一分子的人，与孤零零的一个人大不相同。有意识的个性（individualité）湮没在无意识的集体的人格（personnalité）之中。

个体要获得集体的心理，并非一定要有实质性的接触。特定事件诱发出来的激情和封闭的共同情感足以使得个体产生集体心理。

瞬间形成的集体灵魂是一种特殊的情结。其主要特征便是：完全处在一些无意识的因素支配之下，并服从于一种特殊的逻辑——集体逻辑。

此外，还有其他的一些群体特征如极端的轻信、敏感、轻率以及理智的缺乏等。断言、传染、重复、威望是唯一说服他们的方式。事实和经验对他们不起作用。可以做到让群众接受一切，而在群众看来，一切皆有可能。

由于群众的极度敏感，因此他们的情感，无论好坏，都是夸张的。在革命年代，这种夸张尤为明显。一点微不足道的刺激便可促使群众做出可怖的行动。在平时就泛滥的轻信，到革命时期就变得越发不可收拾。最为离奇的故事他们都相信是真的。亚瑟·杨（Arthur

Young）说他在大革命期间，在克勒蒙（Clermont）附近游山玩水时，他的导游被当地人截住，原因是当地百姓认为他是受王后的指使，要来此处理设炸药，以便炸毁这座城市。最为可怕的是关于王室的流言蜚语，其中，王室家族成员被描绘成为一群吸血鬼和食尸怪。

上述特征反映了群体中的人往往极度偏离文明，他们几乎成了野蛮人，身上具有野蛮人的所有特征，如突发的暴躁、热情和英雄主义等。从智力角度看，群体智力总不如一个孤立的人的智力高。而从道德和情感角度看，群体是高于个体的。群体既很容易犯罪，也很容易自我牺牲。

个体的特征湮灭在群体中，群体的行为对于构成群体的个体的影响是巨大的。吝啬的人会变得慷慨大方，怀疑主义者会变成坚定的信仰者，正直的人会变成罪犯，懦弱的人会成为英雄。这样的例子在大革命期间不胜枚举。

作为陪审团或议会的一员，集体做出裁决或者投票形成法律，这是个体状态下的个体想也不敢想的事情。

集体对个体影响最为显著的结果之一便是他们的情感和意志综合在一起。这种心理上的融合赋予集体巨大的力量。

心理上的这种联合源于群体中的情感、举止和行为的相互传染。个人的爱、恨、愤怒在群体中会立刻得到响应和叠加。

这种共同的意志和情感是如何形成的呢？它们通过传染得到传播，但这种传染首先需要一个触发点。领袖便是这个触发点。我们稍后便来谈谈领袖在革命运动中的作用。没有领头人，群众便是一盘散沙，形成不了合力。

了解支配群体心理的规律是阐述法国大革命事件、理解革命议会行为以及参与其中的人的特殊转变所必不可少的。在集体无意识的力量的推动下，人们经常说着言不由衷的话，赞同他们原本不赞同的事情。

即便集体心理规律往往被高明的政治人物所洞悉，但要注意的是，大部分政府对此从过去至今仍是不明就里。正是由于对此不知，因而很多政府便会轻易地倒台。某些政权特别是路易－菲利普政权，就因为这而被一场小小的骚乱所轻松推翻，由此可知，忽视集体心理的后果是多么严重。1848年，原本足以保护国王的军队，由于其统帅的无知，任由军队和百姓混杂在一起，军队在百姓的暗示和传染之下变得茫然不知所措，竟而连自己的职责都无法履行。军队的统帅不太清楚的是，群众实际上对威望是极其敏感的，因此，需要对其展示自己的威严，以便迅速遏制其敌对的行为。另外，聚集的人群应当立即加以驱散。如今，所有这些都在实践中得到了证实，但在那个时代，人们对此是无法理解的。在法国大革命时期，群众心理学更是不为人所知。

二、稳定的民族精神如何规约群众精神的摇摆

一个民族在关键时刻可以被视作一个群体。民族拥有群体的部分特征，但是民族的这些特征其变迁却受到了民族精神（l'âme de la race）的制约。民族精神拥有短暂的群体精神所不具有的稳定性。

一个民族的精神是长期积淀形成的祖传的精神，它支配着群体的精神。

民族是由利益、性情各不相同的集团构成的，这点与群体不同。反之，分属不同社会集团的个体们可以同时出现在一个有确切意识的群体中，如一次集会。

一个民族和一个群体一样都是易变的，但是别忘了，在表面的易变、热情、暴力、破坏之下，民族精神仍捍卫着其极为顽强的、保守的本能。大革命及其后一个世纪的历史向我们昭示了保守精神最终还是支配破坏精神的。一个体制被打破，但很快便又被修复。

改变民族精神，即一个种族的精神，不如改变群体精神那般的容易。动用的手段都是间接而缓慢的（报纸、会议、讲演、书籍等）。说服的方法不过就是上文业已提及的断言、重复、威望、传染等。

精神传染可以瞬间影响整个民族，但最常见的是一个团体缓慢传染到另一个。宗教改革运动就是这样传遍法国的。

一个民族远非一个群体那样爱激动。但某些事件，如民族的屈辱、外敌入侵等，可以迅速激发起一个民族的情绪。这样的现象在大革命

期间出现了好几次，尤其是在布鲁斯维克（Brunswick）公爵公布其傲慢无礼的宣言时出现的那一次。后者由于对于法兰西民族意识认识上的不足而发出了自己的威胁。这样做不仅极大地伤害了路易十六的事业，更是伤害到了自己，他的干涉反而促使法国人奋起反抗。

民族情感的这种突然迸发在任何民族都存在。拿破仑在入侵西班牙和俄国时，就不曾明白这种巨大的力量。人们可以很容易地瓦解群体一时的躁动，但却无法撼动民族永恒的精神。诚然俄国的农民是一群狭隘、粗俗且冷漠的人，然而一听到法国入侵的消息，则一切都发生了改变。人们可以从亚历山大一世的妻子伊丽莎白的一封信中看出端倪。

从拿破仑穿越边境线那一刻起，这个消息便如电光石火一般传遍整个俄国，其传遍范围之广，让生活在帝国每一个角落的人都不约而同地发出愤怒的呼喊，这个声音是如此的可怕，我认为整个世界都为之动容。随着拿破仑的军队向前推进，这种愤怒便越发强烈。几乎一无所有的老人们说："我们要想方设法活下去，什么都要比屈辱的和平好。"那些妇女们，她们对这种和平的恐惧要超过对其在部队作战的亲人们的安危的牵挂。媾和虽然可以避免俄国的灭亡，但这种和平是不会轻易到来的。沙皇没有媾和的念头，即使他想这样做，他也不能这样做。这就是我们大无畏的立场。

皇后向其母亲提及了突显俄罗斯人抵抗精神的两个片段：

法国人在莫斯科抓了几个倒霉的农民，打算让他们在自己的部队里服役，为了防止他们逃跑，他们在其手上烙上印记，就像为种马场的马匹烙上战马印记一般。其中一个农民便问这个烙印是什么含义，人们答复说这意味着你成了一名法国战士。这位农民叫道："什么？我是法兰西帝国的战士？"他当场拿起斧头将自己的手砍了下来，扔到旁观者的脚下，并叫道："拿走你们的印记吧!"

　　同样还是在莫斯科,法国人抓住了二十位农民,打算杀一儆百来震慑袭扰法国补给运输队并袭击法国正规军先遣队的村民。他们让这些农民靠墙站成一排,用俄语向他们宣读了判决。人们等待他们求饶,然后这些人不但不求饶,还一边在胸口画十字一边彼此道别。法国人于是射杀了一名农民,接着便等待其他被吓坏的农民求饶并承诺痛改前非。法国人射杀了第二个,第三个,一直到二十人全被杀死,都没有一个人乞求敌人的宽恕。在俄罗斯,拿破仑没有一次机会如愿说出"宽恕"这个字眼。

　　有必要指出的是在任何民族及任何年代的大众意识中,都充斥着神秘主义这一特征。

　　民族总是相信一些至上的东西,如神灵、政府或大人物,认为他们有权利随心所欲改变事物。这种神秘主义使人产生膜拜的需求。由此民族需要一个膜拜的对象,其或是一个人或是某种教义。这也是人们在无政府主义的威胁下,总是期盼着出现一位像弥赛亚一般的救世主的原因。

　　民族也会像民众一样,从膜拜走向仇恨,只不过更加缓慢而已。名噪一时的英雄,却可能最终遭人诅咒。在所有国家中,都可以看到对于政治人物舆论上的反复。克伦威尔(Cromwell)便是一个极为有趣的例子。①

三、革命运动领袖的角色

　　各种民众(无论其是均质还是异质的)、议会、民族、俱乐部等,我们在此再重复一遍,若没有一位领袖来指挥他们,都将只是一些无

―――――――――――

　　① 克伦威尔推翻了一个王朝并拒绝登上王位,但死后仍被按照国王的待遇加以安葬。两年后,他的尸体被从墓中挖出,头颅被砍下,悬挂在议会大门之上。不久,人们为其建立一座雕像。这位前无政府主义者但后来又成为独裁君主的人如今被人供奉,敬若神明。

法步调一致的聚合体。

我曾用一些生理学的实验证实了无意识的集体精神和领导者的精神是紧密相关的。后者给前者提供了单一的意志，并强迫他们绝对服从。

领导者通过暗示发挥其对群众的影响，群众受到的正是这种方式的煽动，领导者也正是依靠这种方式获得了成功。很多的实验表明，集体极易受这种暗示的影响。①

在领导人的暗示影响下，大众或是安静的，或是愤怒的，或是罪恶的，或是勇敢的。这类暗示有时可能会表现出理性的一面，但这种理性也仅仅是表面上的。现实中，群众是无法做到完全理性的。唯一可以影响他们的那些理念，其实就是以想象方式唤起的情感。

大革命历史的每一页都表明，群众是多么容易被领袖们煽动起来，无论领导者们的论调是多么的不着边际，是多么的相互矛盾。群众对吉伦特派、埃贝尔派、丹东派以及恐怖主义者的胜利或随后而来的垮台莫不欢欣鼓舞。我们可以断言，群众对所有这些事件是一无所知的。

如今，我们也只能隐约知道那些领导者在其中所起到的作用，因为他们一般处在幕后指挥。为了确切了解领导者的作用，则要在当代这类事件中对其加以研究。大家知道，煽动群众是多么轻而易举。在这里我们不考虑铁路工人和邮电工人的大罢工，因为只需把上述职员的不满情绪加以发挥即可，还因为其他群众对这类罢工并无兴趣。举

---

①　在验证这一事实的众多实验中，最著名的便是 Glosson 老师对其授课的学生所做的一次实验，结果刊登在 1899 年 10 月 29 日的《科学期刊》（*Revue Scientifique*）上。他说："我准备了一个酒瓶，其中装满了蒸馏水，用棉花精心将其包裹好后，装到了盒子中。在其他几轮实验后，我告诉大家说我想知道要嗅到弥漫在空气中的一种气味需要多长时间，我要求嗅到气味的同学立刻举起手……我开箱取出那酒瓶，把其中的水倒在棉花上，在倒水时我的头离得远远的。接着我取出一块秒表，等待测试的结果。我对在场的人解释说我坚信课堂上绝对没有人曾经闻到过我倒出来的化学物质的气味……十五秒后，坐在前面的大多数人都已经举起了手，在四十秒内，'气味'便以规则性的平行波飘散到课堂的后排。约四分之三的学生声明嗅到了'气味'。绝大多数人可能是受到了暗示的影响，到一分钟时，我被迫停止了实验，因为前面的几位学生觉得受不了气味的影响想要离开大厅……"

个类似的例子，几位社会党领袖在西班牙的弗雷（Ferrer）被处死的第二天，便在巴黎人民中挑起了一场群众暴动。然而法国人从来就没曾听说过此人，即便在西班牙，此人被处死也几乎无人关注。但在巴黎，寥寥几位社会党人便足以煽动一支群众武装去冲击西班牙大使馆，而且目的是要烧毁它。因此当局不得不派遣部分卫戍部队去保护该使馆。这些攻击者在被强力驱离后，只是洗劫了一些商店，设置了一些路障。

在该事件的后续发展中，领袖们再一次表现出了他们的影响力。当这些领导者意识到纵火焚烧外国大使馆是极其危险的行为之后，便要求在第二天举行和平示威。这些刚在前一日受命进行暴力活动的群众，次日便又忠实地执行新命令进行和平示威了。这是呈现领导者的作用和群众的服从的最好的例证。

历史学家如米什莱和奥拉尔不知革命群众的心理，认为革命群众无须领袖便可自行其是。

第五章　革命议会心理学

一、大型革命议会的心理学特征

一个大的革命议会其本身也是一个群体，不过，由于组成该群体的各派系彼此的感受不同，因此，这样的群体往往很难有所作为。

由于议会中存在着有不同利益诉求的派系，且它们各有各的领袖，因此，这样的议会必然会被人们视作一个异质交叠的群体。均质的群众心理规律只能出现在单个的派系中。只有在特殊的情况下，不同的派系才能形成统一的意志。

议会中的每一个派系代表的都是一个特定的群体，个人一旦加入其中，便会失去自我，即便违背自己的信念和意志，也要毫不犹豫地表示服从。路易十六被审判的前夜，维尼奥（Vergniaud）对处死路易十六的投票动议提出了强烈抗议，然而翌日自己也投了赞成票。

群体的作用主要在于让犹豫不决的人下决心。个体软弱的信念在成为集体的信念之后便得到了强化。

强势的或拥有声望的领袖可以通过对议会中的所有其他群体施加影响，有时也可以使得议会成为一个单一的群体。国民公会中的大多数成员，就是在极少数上述领袖的影响下，投票通过了那些完全违背自己意志的动议。

面对一些能量很大的派系，集体总是会做出让步。革命议会的历史表明，尽管革命议会可以冒犯国王，但面对那些操纵骚乱的领袖们，革命议会还是得唯唯诺诺。在一个霸道的首领指挥下闯入议会的一群狂热分子，便足以胁迫议员们当场投票通过那些最为荒唐、最为不堪的动议。

一个议会若具有了群众特征，便会像群众一样在情感上走向极端，既极为暴戾，也极为懦弱，一般表现为对弱者颐指气使，对强者卑躬屈膝。当年轻的路易十四气势汹汹地来到议会发表简短讲话时，议会是诚惶诚恐的。随着路易十六大权日渐旁落，制宪议会对其态度则越发嚣张。到了罗伯斯庇尔统治时期，国民公会议员已让人闻之色变。

这个特征成了议会的一条普遍规律。一个君王若在其权势渐衰时召集议会，则是犯下了一个严重的心理学上的错误。全国三级会议①的召开让路易十六送了性命。当亨利三世被迫离开巴黎之后，便决定在布卢瓦召集全国三级会议，而这个愚蠢的念头差点让其丢掉王位。一旦三级会议的代表们感觉到国王的颓势，他们便会立即当家做主，调整税赋，遣散官员，并声称他们的决定具有法律效力。

在大革命时期的所有议会中，都可以见到这种行进式的情感上的大起大落。制宪议会起初是非常尊重王室的权威及其特权，随着制宪议会的权势逐渐膨胀并最终自诩代表着最高权力，路易十六在其眼中也就成了一个普通的官员。起初国民公会很低调，到大恐怖时期便开始蠢蠢欲动，此时它还是在法律框架内行事，随后便大肆弄权，直至颁布法律剥夺被告人的一切辩护权利，并同意仅凭推断就可给嫌疑人定罪。此后国民公会变得越发嗜血，最终自取灭亡。吉伦特派、埃贝尔派、丹东派、罗伯斯庇尔分子们，就这样前赴后继走上了断头台。

议会在情感上的激进解释了它们为何驾驭不了自身的命运且最终的结果总是事与愿违。一心想要建立君主立宪制并捍卫宗教信仰的天主教徒、保王党与制宪议会，却反而迅速地将法国推向了血腥的共和、

---

① 三级会议，法国中世纪的等级代表会议。参加者有教士（第一等级）、贵族（第二等级）和市民（第三等级）三个等级的代表。三个等级不分代表多少，各有一票表决权。通常是国家遇到困难时，国王为寻求援助而召集会议，因此，会议是不定期的。它的主要职能之一是批准国王征收新税。百年战争时期，为了抵抗外敌，三级会议有权监督政府。16—17世纪初，专制王权加强，三级会议的权力被削弱。从1614年到路易十六统治时期，三级会议中断了175年。1789年，路易十六召开了最后一次三级会议，这次会议导致了法国大革命。大革命后，三级会议随旧制度一道被废除。——译注

推向了宗教迫害。

我们已经说过，政治议会是由异质的群体组成的，不过也有一些议会是由均质的群体构成的，如在大革命期间发挥重大作用的某些俱乐部，它们的心理值得重点研究。

二、革命俱乐部心理学

一些拥有共同的观点、共同的信仰、共同的利益的小规模的团体，它们通过排除异己，实现了情感和意志的统一，从而与一些大的议会有所不同，如法国大革命期间的公社、宗教团体、同业公会、俱乐部，19世纪上半叶出现的社团，如今的共济会、工会等都属于此类。

要理解法国大革命的进程，就有必要研究一下异质的议会与均质的俱乐部之间的差异。因为一直到督政府时期，特别是在国民公会时期，大革命都是受此类俱乐部所左右。

在这些俱乐部中，由于没有派系之分，因而其意志得到了统一，但其依然服从于群众心理学的规律，它们依然受到领袖的掌控，这点在罗伯斯庇尔领导下的雅各宾俱乐部尤为明显。

一个均质的群体如俱乐部的领导者要想发挥作用，其难度要比一个异质的群体的领导者大很多。因为后者只需少许办法便可轻易实现。

而在一个均质的群体如俱乐部中，由于大家的情感和利益是同一的，因此，领导要精通如何妥善应对，当然，领导者反被领导的情形也屡见不鲜。

均质的群体的巨大力量之一源于其是匿名①的。在1871年巴黎公社期间，几条匿名的命令便让巴黎的最为著名的建筑物付之一炬，如巴黎市政厅、杜伊勒里宫、审计法院、荣誉勋章纪念馆等。来自一个匿名的委员会的一条简短的命令，如"烧毁财政部、烧毁杜伊勒里宫等"，立刻便可以得到执行。罗浮宫以及其中的藏品得以幸免纯粹出于

---

① 所谓"匿名"，也即集体负责，也即没有哪位个人对做出的决定负责。如随后的"匿名的委员会的一条简短的命令"就是指委员会集体做出的一项决定，集体要为此承担后果。——译注

偶然。如今我们得悉，工会的匿名的领导发出的最荒谬的命令都得到了不折不扣的执行。在大革命期间，巴黎的俱乐部和参与起义的巴黎公社①也是一言九鼎，只要其一声令下，马上会有一队武装群众前来接管议会。

我们将在一个章节中总结一下国民公会的历史，届时将会看到，公会屡遭侵犯，公会在一小撮骚乱分子强硬的命令前卑躬屈膝，然而长期以来，坊间传说公会却是非常的强大。督政府痛定思痛后，取缔了俱乐部，并采用大规模镇压方式终结了武装群众对公会的侵犯。

国民公会很快便明白，均质的群体对于异质的公会的优势所在，这也是它将自己分为若干个委员会的原因，每个委员会由数量有限的个人组成，如救国委员会、财政委员会等，如此便在大的议会中形成了一系列小的独立议会，它们的权力只受到俱乐部权力的制约。

前述的思考表明，群体对构成它的成员们的意志有着影响。如果该群体是均质的，那么这种影响力是巨大的，如果该群体是异质的，那么这种影响力会较弱，但也可以变得巨大，一是因为一个议会中的强势群体可以支配依附它的弱势群体；二是因为某些情感常常会传染到一个议会中的所有成员。

令人印象深刻的有关群体影响力的一个例子发生在大革命时期。1789 年 8 月 4 日夜里，贵族们投票表决通过某个议员提出的关于废除封建特权的动议。我们知道，大革命的部分起因就是由于贵族和教士拒绝放弃自己的特权。起初他们为何拒绝放弃？原因仅仅是群体的行为不同于孤立的个人。就个人而言，没有哪个贵族愿意放弃自己的特权。

拿破仑在圣赫勒拿岛引述了几个特例来说明议会对其成员的影响。

---

① 一般而言，法国大革命开始于 1789 年，到 1794 年热月政变为止，在这 5 年期间，巴黎人民分别于 1789 年 7 月 14 日，1792 年 8 月 10 日，1793 年 5 月 31 至 6 月 2 日发动过三次起义，最后一次起义推翻了吉伦特派，建立起雅各宾派专政。此处的巴黎公社与 1871 年反抗资产阶级政府的巴黎公社并非一回事。也有人翻译为"巴黎民众社团"。在本书中，若无年份，"1871 年"的巴黎公社，均是指大革命期间的巴黎公社。——译注

他说："在大革命时期，有一类人极为常见，他们在言行中所表现出来的形象与其实际的模样相去甚远。例如，人们认为蒙日（Monge）是一个可怕的人，当决定开战时，他登上雅各宾党人的讲台，宣称要将自己的两个女儿许配给最先在前线负伤的士兵……他还说要杀死所有的贵族，等等。然而蒙日却是世上最温和、最懦弱的人，要他来杀一只鸡，或仅仅在他面前杀一只鸡，他都受不了。"

三、议会热情逐步高涨的阐释

如要对集体情感加以精确的定量分析，那么可以用一条曲线来对其进行阐述。起初，这条曲线缓慢上升，接着便急速上升，随后又垂直下降。还可以用方程式来表达这个曲线，在该方程式中，刺激为常量，集体情感为变量。

在一个常量的作用下，某些情感的突然变化让人很难解释。或许，人们可以说，如果将心理学规律看作力学规律，若其中某个恒量持续发挥作用，也应该可以迅速增强情感的强度。例如，一个力以一定的量和方向，如重力，持续作用于一个物体，将会使其做加速运动。在重力的影响下，一个自由落体在第一秒的速度是 10 米/秒，第二秒则是 20 米/秒，第三秒则是 30 米/秒，如此等等。如果让这个物体从足够高的高度落下来，它最终的速度可以使之轻易击穿一块钢板。

即便以此来解释情感在恒力作用下的加速度，也无法解释这种加速度为何最终又戛然而止。只有心理学才能解释、才能让人明白这种戛然而止，这就是我们常说的快乐或痛苦不能过头，过分的情感刺激会造成麻木不仁。我们的肌体只能承受一定量的快乐、痛苦或强度，而且不能长期承受。一如握着握力器的手，手很快便会筋疲力尽，最终手会突然松开。

对议会中某些群体的情感突然消失的研究还应当顾及这个事实：除了利用其声望和势力取得主导地位的党派外，还有一些党派，他们的情感在前者的声望和势力的裹挟下，无法获得充分的表露，一旦环境许可，优势的党派遭到削弱，受压抑的党派便会趁势而起。山岳派在雾月革命后的下场便是教训。

　　把物理现象所遵循的规律与支配着情感主义和神秘主义因素的演化规律作比较，很明显是非常牵强的。只待我们对大脑功能的机制做进一步了解之后，这样做才更为合适一些。

第二部分

法国大革命

第一篇　法国大革命的原因

第一章　历史学家对法国大革命的看法

一、大革命史学家

人们对大革命的看法有着天壤之别，尽管过去一个多世纪，但人们依旧很难心平气和地去评判它。对于德·梅斯特尔（de Maistre）而言，大革命是"魔鬼的杰作"，"黑暗的魂灵从未如此地明目张胆过"。而对当代雅各宾党人而言，正因为大革命，人类方得以重生。

在法国旅居的外国人认为在交谈中应避免提及大革命。

巴雷特·温德尔（Barrett Wendell）写道："这类随处可见的回忆或传统，是如此的鲜活，没有人能够对其无动于衷。它们既能激发人们的热情，也可引起人们的仇恨。人们一直带着一种热烈的以及保守的派系意识来看待它们。你越是了解法国，便会越发地明白，时至今日，在法国人眼里，没有任何一项关于大革命的研究是不偏不倚的。"

这个结论非常正确。为了能够公正地阐述过去的事件，那么这类事件既不应当再产生后果，也不涉及政治或宗教的信仰，因为我已经指出了这些信仰都有与生俱来的狭隘性。

人们不必惊异于历史学家表述的有关大革命的观点如此迥异。长期以来，总有一些人把大革命看成是历史上最为丑恶的事件之一，而另一些人则认为是最伟大的事件之一。大家都认为自己说得在理，而证明自己漏洞频出的观点的依据却又是那么的空洞。相关的文献多如牛毛且其中的观点迥异，大家都有意或无意从中选择对自己有利的观点作为自己先后抛出的论述的佐证。

研究大革命的老一辈的历史学家们如梯也尔、基内（Quinet）、米什莱，尽管他们才华横溢，如今也被人所淡忘。他们的学说并不深奥。历史宿命论是其中的基调。梯也尔认为大革命是数个世纪以来绝对君主制的产物，大恐怖则是外族入侵的必然后果。基内将 1793 年的残暴之举归结为长期专制的结果，并认为国民公会的暴政是毫无意义的，且妨碍了大革命事业。米什莱只把大革命当作他盲目推崇的人民的事业，并率先对其加以颂扬，其他的历史学家则加以效仿。

泰纳打破了笼罩在这些历史上的光环，尽管他对其非常着迷。他在其著述中对革命时期的深入剖析在此后很长时间内将无人能及。

但一部如此重要的著述也有其瑕疵。泰纳对事实、人物的呈现令人赞叹，但他却声称以理性逻辑来对事件进行判断，但理性是无法陈述、阐释这类事件的。他在把心理学用于描述方面是无与伦比的，但在将其用于解释方面却是苍白无力的。罗伯斯庇尔有恃无恐地残害国民公会长达数月，泰纳认为他如此藐视国民公会，是因为他是一个自命不凡的人。因此，有人说泰纳眼明但心不亮，这是很有道理的。

尽管有着这些不足，但其作品依然十分优秀，且尚无人能够企及。该作品巨大的影响力，从其在雅各宾教条的忠实信徒中激起的愤怒可见一斑，巴黎大学的教授如今是主教的 M. 奥拉尔，就是这些信徒中的一位。他花费了两年的时间写了一篇檄文声讨泰纳，字里行间饱含激情。两年的时间花在对具体事例的细枝末节的辩解上，换来的只是越描越黑。

再来说说奥拉尔的作品，柯钦指出，奥拉尔在其引述中的对错几乎各占一半，而泰纳则鲜有错误。这位历史学家告诫人们尤其要当心奥拉尔的材料。

"这些材料，如会议记录、报纸、宣传册、革命党人，都是一些爱国主义的真材实料，由爱国分子们编撰，其中大部分面向公众。奥拉尔应是从这些材料中搜罗到自己那篇著名的辩护词；他手上拿着现成的大革命的历史，用一套现成的解释，用为共和体制辩护的套路，逐一向人展示'人民'的行动，从九月大屠杀，直至牧月法令。"

无论对大革命的看法如何，泰纳学派和奥拉尔学派的历史学家之间的分歧将一直存在下去，且难以弥合。奥拉尔派推崇人民，将其看作至高无上，而泰纳派则认为，一旦挣脱了社会的束缚，听任本能的驱使，人民就会堕落，变得原始和野蛮。奥拉尔的观点和大众心理学的教义是背道而驰的，但在现代雅各宾分子们看来，他的观点依然神圣如同宗教教义。雅各宾分子们以信徒的身份，以推理为笔来著述大革命，并把神学家的观点当成是真知灼见。

二、大革命宿命论

大革命的鼓吹者和诋毁者承认革命事件有其必然性。埃米尔·奥利维耶所著的《大革命史》中的一个章节对此有过深刻描述。

> 任何人都无法否认大革命。既不能怪罪死去的人，也不能谴责幸存的人。单凭个人的力量是无法改变事件的起因和预见事件的发生的，因为事件是环境和事物发展的产物。

泰纳本人对此深表赞同，他说："在三级会议召开时，各种思想和事件的演化已是势不可当，甚至苗头已现。每一代人都在不知不觉中，提前担负起未来和历史的责任；在一代人还未崭露头角之前，其命运都已经注定了。"

当代其他的一些作者和泰纳一样，也是这种宿命论的拥护者，主张要宽容对待革命暴力。

M. 索雷尔对博絮埃有关古代革命的结论"单从特殊的起因来看，一切都让人惊讶，其实一切原来都在按部就班地进行着"深以为然，因此便片面地认为："法国大革命，在一些人看来是对老欧洲的颠覆，在另一些人看来则是老欧洲的重生，但这却是欧洲历史其自然和必然的归宿，此外，大革命并没有带来什么让人极为诧异的结果，它仅是这段历史的产物，并可以从旧体制的先例中得到解释。"

持同样观点的还有基佐（Guizot）。不久前他还在竭力辩称，法国大革命没有任何的特殊之处，它是极为自然的产物。当然，他将之与英国的革命相提并论是不对的。

他说："英国的革命和我们的革命根本没有中断欧洲其自然的进程，这些革命没有诉求、没有主张、没有做任何革命爆发前人们所说的、所希望的、所做的或所数次尝试过的事情。……即便从两场革命的基本主张及其落实情况来看，都没发现有什么针对政府、个人或财产、自由或公民权的新举措，没看到其中有什么至少和平常有什么不同的地方。"

所有这些断言均触及这样一个基本规律：所产生的某个现象，均是先前诸多现象的结果。但此类的笼统说辞没太大的意义。

没必要什么事都要用历史宿命论来解释，尽管很多历史学家都接受历史宿命论。我曾就这类宿命论的意义做过探讨并指出，文明的力量在于消除这类宿命论。历史充满了必然性，但其中更是充满了本不该发生却发生的偶然性事件。在圣赫勒拿岛，拿破仑本人列举了可能影响其后来霸业的六种情形。他特别指出，1786 年在奥克松（Auxonne）洗浴时，由于恰巧遇到一个沙滩，才得以幸免于难。如果说那时波拿巴死了，人们也许认为会有另外一个将军取而代之，成为独裁者。但没了带领我们战无不胜的军队横扫整个欧洲的天才，法兰西帝国及其结局又会是什么样？

应当承认，大革命部分是出于一种必然，但上述坚持宿命论的作家们并没有阐释过这点：大革命是理论家们的永恒的斗争。这些理论家们满怀全新的理想，罔顾他们不得其解地支配着人类的经济的、社会的、政治的规律。由于对这些规律的无知，使得他们在追根溯源无果并因自己的失败而恼羞成怒之后，最终诉诸暴力。他们颁布法令，强行推广纸币以代替黄金，纵然手段使尽，也不能阻止该纸币的虚拟币值狂贬，直至如同废纸。他们颁布最高限价法令以抑制形势的恶化，然而形势却愈发恶化。罗伯斯庇尔在国民公会上宣称"所有的无套裤汉①都应当为原本应由富人们供养的公共财政开支埋单",尽管有搜查令和断头台,但是国库依旧空空如也。

在打碎了一切桎梏之后,大革命者们最终发现,一个社会没有制约就无法存续,但当他们想创造出一些新的制约时,他们才明白,最强有力的制约,即便有断头台的辅助,也无法取代由过去的岁月缓慢建立起来的深入人心的秩序。但他们从不想去理解一个社会的演化,去判断人们的心思,去预见施政的后果。

革命事件并不是无可避免的必然结果。大革命中的诸多事件是雅各宾主义戕害的产物,而非环境使然,且本不该如此。若路易十六从善如流,或者制宪议会在群众骚乱中不那么胆怯,大革命还会是这个样子吗?只有在为造反有理辩解时,革命宿命论才能派上用处。

无论是科学还是历史,都应当极为警惕在宿命论掩盖下的无知。从前,人类任由自然的支配,而科学让人类摆脱了这个命运。我之前讲过,睿智的人类的特性便是在于消解这些支配。

三、近来的史学家对大革命的质疑

在本章中要阐述其思想的历史学家们,他们的态度或是同情或是鞭挞,无不言之凿凿。囿于自身的信仰,他们做不到就事论事。保王党的作家极端仇视大革命,而自由主义作家则为大革命而痴狂。

如今兴起一股把大革命当成是一种科学现象来研究的热潮,我们知道,掺杂在科学现象中的作者的意见和信仰是极少的,读者是难以觉察的。

当然在进入这个阶段之前,首先出现的是怀疑阶段。一些之前还曾言之凿凿的自由作家开始变得不那么确定了。近来,人们对这种新的精神状态做了一些判断,现撷取部分。

阿诺托(Hanotaux)先生在讴歌了大革命的益处之后,开始反思

---

① 法国大革命时期对城市平民的称呼。当时法国贵族男子盛行穿紧身短套裤,膝盖以下穿长筒袜;平民则穿长裤,无套裤,故有无套裤汉之称。——译注

大革命的代价是不是太大了一点，他接着说道："历史对此一直犹豫再三，难以决断。"

马德林（Madelin）先生在刚刚出版的有关大革命的书中也表现出这种犹豫。

> 给法国大革命这样复杂的事件下一个全面的结论，从内心而言，一直觉得忐忑不安，没有底气。如今要下一个极为笼统的判断都难上加难。在我看来，原因、事件、结果都充满了争议。

有关大革命的一些老的观念发生了切实的转变，这点在大革命其真正的捍卫者的最新的著述中处处可见。然而不久前，他们还曾声称所有的暴力都是合理的，所有的暴力都仅仅是自卫之举。而如今他们仅仅为那些情有可原的罪行辩护。我在最近出版的由奥拉尔和德比多尔所著的教科书《法国历史》中发现了证实这个新的精神状态的一个惊人的证据，其中有关于大恐怖的片段如下：

> 血流遍地，到处都是于国于民都毫无意义的可憎的犯罪和不公。在这场风暴中，人们丧失理智，到处危险重重，爱国者们在暴怒中横冲直撞。

在本书的另一个部分中，我们看到刚刚提及的两位作者中的奥拉尔，尽管他是强硬的雅各宾主义者，但对被冠以"国民公会巨擘"的那些人依然表现得极为严厉。

外国人对我们的大革命的评价一般而言相当严厉。一想到我们动荡的 20 年对欧洲造成的痛苦和伤害，我们便不会对此感到惊讶。

其中，德国人表现得最为严厉。法居特（Faguet）用如下的话对此作了总结：

> 本着爱国和勇敢的精神，我们来谈谈法国大革命；因为爱国主义首先要求对自己的祖国说出真相，从过去发生的事情看，德

国人认为法国人是这样一个民族，他们嘴边挂着自由、博爱等伟大的字眼，但却在 15 年中饱受欺压、蹂躏、谋杀、抢劫和敲诈；而如今，这个民族依旧打着同样的旗号，组建起了专制的、压迫人的、让人厌烦的、危机四伏的民主政体，任何人都不想效仿的政体。德国人就这样看待法国。依据德国人的报纸、书籍，我们可以确信这就是德国人的看法。

再者，不管人们对法国大革命的评价的价值为何，可以确信的是，未来的作家们会将大革命当作一件充满激情的、富有意义的事件来看待。

一个把 80 岁的老人、少女以及幼儿送上断头台或溺毙的嗜血的政府，让法国成为废墟，但在军事上却成功地击退了欧洲；一位奥地利大公公主，法国的王后死于断头台。几年后，她的亲戚，另一位奥地利大公公主，嫁给了成了皇帝的陆军中尉，取代她成为王后，这都是人类历史上独一无二的悲剧。心理学家要选择一段鲜有人研究的历史作为研究的对象，但最终他们也许会发现，只有放弃虚构的理论，只有放弃实证经验，来研究我们周边的人和事，心理学才能得到发展①。

---

　　①　这个建议绝非套话。如今的心理学家极少研究自己身边的世界，甚至对于这方面的研究感到不解。我在《哲学评论》刊出的一则针对我出版的书的批评中发现了一个有趣的证据，表明了这种散漫的心态。其中，作者批评我"研究社会和报纸胜过研究书本"。

　　我非常乐意接受这种批评。报纸的社会栏目和现实世界的视角要比充斥在哲学和形而上学类期刊中的形而上学的不尽合理的论调要有意义得多。

　　哲学家们开始觉得这类无聊之语很幼稚。当威廉·詹姆斯（William James）在写所有这些论述只不过是要表达"粗略观察到的一系列事实和几个争论"时，他肯定想到的是要刊出数卷这类的陈词滥调。作为最知名的心理学方面的大家，这位杰出的思想家承认"一门学科中的每一句陈述的不足，都会招致形而上学的批评"。二十年来，我一直试图将心理学纳入对现实的研究中，但学院派形而上学的思潮仍难以转向，尽管其影响尽失。

四、不偏不倚的历史

公正性历来被当成是一名历史学家最基本的品质。自塔西佗开始，所有的历史学家都信誓旦旦地说自己是不偏不倚的。

实际上，作家看待历史事件犹如画家看风景，也就是说他带着自己的秉性、个性和民族灵魂来看待事物。有些艺术家，置身于同样的风景前，但是其阐释的方法却必不相同。有一些人会侧重于被其他人忽略的细节。每一份临摹都是个性化的作品，也即都以一特定的感受形式来对其加以阐释。

作家也是如此。我们不能说历史学家要比画家更加客观公正。

历史学家可能局限于复述文献，这是现实的倾向。但是仅关于不久以前的文献，例如，关于法国大革命的文献，它是如此之多，以至于一个人穷其一生都无法一一浏览。因此，必须要有所取舍。

作者通常是在无意识中选择那些与自己政治的、宗教的和道德的观点最为吻合的素材，只是偶尔才有意识而为之。

除非满足于简单罗列某个日期的一系列的事件，否则无法写出一本真正客观的历史书。任何作者都无法做到这点，当然对此也不必感到遗憾。在要求客观公正的呼声日益高涨的今天，著述变得越发平庸、沉闷以及特别地乏味，想据此了解一个时代也成了奢望。

历史学家是否可以公正为借口，来回避对人的评价，即回避用敬仰的或严厉的措辞来谈论他们？

我认为，这个问题有两个截然不同的答案，每个答案从各自所处的立场而言都是极为正确的，这个立场或是心理学家的立场，或是伦理学家的立场。

伦理学家应当专注于社会利益，并以此来评判人。社会要生存发展的现实，必要有一定数目的规则，要有一套善恶的严格标准，要有明确的善恶评价作为保障。由此，社会要构建一些普通人的模型，一个时代的人大体上不超出这些模型的左右，游离模型过远便会有害于社会。

伦理学家便是依据社会所必需的这样的模型以及衍生出来的规则来判断过去的人。伦理学家通过毁誉来建立文明发展不可或缺的作为楷模的道德模型。像高乃依一类的诗人们所塑造的英雄，超越了常人，难以效仿，但却极大地激发了我们的斗志。因此，一个民族还需要英雄作为榜样以提振灵魂。

这便是伦理学家的立场。心理学家的立场则完全不同。一个社会无权宽容，因为它的第一责任便是生存，心理学家应当客观冷静，像科学家一样思考，不考虑功利，其唯一的任务便是解释事物。

他的处境和观察家在观察任意一个现象时的处境一样。看到卡里耶下令将受害者埋至脖子处，使其眼睛爆裂，使其承受可怕的折磨，他明显很难做到冷静。但为了理解这类行为，必须得淡定，一如博物学家坦然观察在慢慢享用苍蝇的蜘蛛。理性一旦被煽动起来，理性便不再是理性，它就什么也解释不了了。

大家知道，历史学家和心理学家的使命是不一样的，但是人们可以要求二者以阐释事物的智慧，去竭力探究事物背后起决定性作用的无形的力量。

第二章　旧体制的心理学基础

一、旧体制的根基和君主制

很多历史学家坚信，大革命针对的是君主制的独裁，但事实上，在大革命爆发很久之前，法国国王就已不拥有绝对的王权了。

只有在很久之后，在路易十四统治时期，君主才拥有绝对的权力。而之前的所有君主，包括最为显赫的君主们如弗朗索瓦一世，都不得不与庄园主、教士、国会议员们做持续不断的斗争，而且他们并不总是能够获胜。弗朗索瓦一世并不拥有足够的权威去对抗索邦神学院和议会来保护其最亲密的亲信。他的朋友兼参事贝尔干（Berquin）得罪了索邦神学院，遭到了后者的拘捕。弗朗索瓦一世命令释放他，然而却遭到了拒绝，在没有其他办法保护他之后，他不得不派警卫人员将其从巴黎裁判所附属监狱弄出来，并将其安置在卢浮宫，置于自己的身边。索邦神学院并不服输，终于在国王不在的时候，再一次逮捕了他，并将其交由议会审判，上午 10 点判刑，中午便被火刑处死。

法国国王们的权势是逐步建立起来的，并在路易十四时期达到巅峰，随后便迅速地衰落。因此说路易十六专制的确非常牵强。

所谓当家人实际上是宫廷、大臣、教士和贵族们的傀儡。他所做的事不过是别人强迫他做的，极少是其本人愿意做的。他的自由并不比其他法国人多。

君主制的巨大权势源于神圣的血统以及长时间积累起来的传统。这些传统形成了一个国家真正的骨架。

旧体制崩溃的真正原因就是作为其根基的传统的式微。当传统一再被质疑以至于乏人拥护后，旧体制便像一栋根基被掏空的建筑物一样轰然倒塌。

二、旧体制的弊端

一个建立已久的体制最终都会得到其统治下的人民的接受。当体制的弊端成了习惯，人们也就难以觉察了，只有在认真思考时，弊端才会暴露出来。人们会思索为什么能够容忍这些弊端。真正不幸的人是觉得自己不幸的人。

在大革命时代，在作家们的影响下建立起来的正是这种意识，我们稍后探讨这些作家们的行为。旧体制的不足暴露在众目睽睽之下，这些不足数量庞大，仅列举其中几条加以说明。

通过对独立省份接连进行征服后形成的法国，尽管中央集权有相当的权威，但国内还是分为若干个区域，每个区域都有自己的法律、习惯法和风俗，且税赋各不相同，关税壁垒使得彼此间隔离开来。法国的统一相当程度上是人为的。它是各类地区的一种聚合体，法国在历任国王的努力下，也包括路易十四的努力，最终都没有成功地实现完全统一。大革命最富有成效的成就便是这种统一。

不但存在着空间上的割裂，还存在着社会的割裂。社会被划分为贵族阶级、教士阶级、第三等级①，各阶层间等级森严，难以轻易逾越。

划分阶级是旧体制的权力之一，因此，旧体制要竭力维护这种阶级划分。阶级划分成了产生仇恨的主要原因。作为获胜方的资产阶级，它的暴力行为其实就是对自己长期以来所遭受的蔑视和压迫的一种报复。自尊受到伤害是最难忘的伤害。第三等级遭受的伤害最为深重。在 1614 年的一次全国三级会议上，第三等级的代表们被迫摘下礼帽，屈膝行礼。当第三等级的一位代表说三个阶级亲如兄弟时，贵族阶级

---

① 在法国旧体制中，第三等级是指当时法国社会中除了教士阶级、贵族阶级之外的其他公民组成的阶级。第三等级没有前两个等级所拥有的封建特权，并且担负纳税和其他封建义务。——译注

的发言人回应道:"贵族阶级和第三等级根本没有兄弟情义,贵族们可不希望和鞋匠、皮匠们的后人称兄道弟。"

虽然启蒙运动有了长足发展,贵族和教士却依然坚持要求享有特权和待遇,但由于这些阶级已不再承担相应的义务,所以这些要求是不合理的。

教士和贵族阶级受到王权的猜忌,并被能力和教育水平越来越好的资产阶级所逐渐取代,他们由此远离了公共职位,只剩下一个名头。泰纳对这种情况作了清晰的阐述:

> 自从贵族失去了特权以后,第三阶级借助教育和才华全面接管了权力,二者之间没有了区别,二者之间的不平等不但失去了意义而且还是有害的。既然贵族的能力和资产阶级的无能是子虚乌有,那么习惯法构建起来的不平等不再被认可便是理所当然的,第三等级也必然会对特权表示不满。

长期以来形成的僵化的社会等级,使得人们对贵族和教士阶级主动放弃特权不抱什么希望。最终在外力的逼迫下,他们在一个难忘的夜晚①放弃了特权。但太迟了,此时的大革命已经是箭在弦上不得不发了。

可以肯定的是,现代化的发展也能逐步建立大革命所要建立的东西:公民们在法律面前一律平等,废除与生俱来的特权等。虽然拉丁民族思想普遍保守,但这些东西最终也会水到渠成,就像在其他民族里一样。我们由此将会少受二十年的祸害,而为了避免这些灾祸,还需要一个与我们心理构成不同的心理构成,尤其需要一些与该时代政治家不同的政治家。

资产阶级对源于传统形成的凌驾其上的阶级怀有很深的敌意,这

---

① 史称"八月法令",法令宣布"将封建制度全部予以废除"。1789 年 8 月 4 日晚,贵族代表和教士代表在国民议会上纷纷宣布放弃封建特权。一夜之间,议会通过 30 个法令,宣布废除全部封建制度和贵族特权,包括教会什一税、贵族狩猎特权、养鸽特权、领主裁判权等。——译注

种敌意是造成大革命的主要因素之一，也是资产阶级在大革命胜利后洗劫失败者财富的根本原因。资产阶级的行为举止宛如征服者，一如诺曼人纪尧姆家族（Guillaume le Normand）在征服英国之后把土地分发给士兵一般。

虽然资产阶级厌恶贵族阶级，但它对君主制却没有丝毫的愤恨，在资产阶级看来，君主制是不可替代的。然而国王的愚钝和对外国的依赖却使其慢慢地丧失了民心。

第一届议会从未想过要建立共和制。实际上，议会具有极端的保王主义性质，它只想用君主立宪制来代替绝对君主制。当议会觉得自己的翅膀硬了之后，便开始对国王的抵制不满。然而却不敢推翻他。

三、旧体制下的生活

对旧体制下的生活，尤其是农民的真实处境，很难有一个明确的看法。

为大革命辩护的作家们像捍卫宗教教义的神学家们一般，把旧体制下农民的生存状态描述得极为不堪，人们不禁要问，那些不幸的人为何在那么长的时间里都没有被饿死。前巴黎大学教授朗博先生的《法国大革命史》一书便是这种手法的典型。其中有一篇名为"路易十四时期农民的悲惨生活"的文章还附有一幅版画，画中最显著的位置上，有一个人和狗在争抢已经完全没有肉的骨头。在那个人的旁边，还有一个人捂着肚子蜷缩着身体，在远处有一名妇女卧在地上，咀嚼着草。这幅画的背景是一些匍匐于地的人，或者说是尸体，或者是饿殍。朗博还举了旧体制统治的一个例证："花上 800 里弗①在警察局谋得一份差事，便可以获得 40 万里弗的回报。"但在倒卖这类肥差的掮客眼中，谋得这些数目的好处算得上是极为清廉的了。他还向我们证实，"只要花 420 里弗便可将人送进监狱，在路易十五时期，被监禁或放逐的人达 15 万之多"。

---

① 里弗（Livre），法国古代的记账货币。——译注

大部分有关大革命的书籍都缺少客观性和批判精神，这也是这个时期至今不被人所知的原因。

当然，原因并非缺乏资料，而是资料的矛盾丛生。只要将英国旅行家杨所看到并描绘的富足、热情的农民形象与拉布吕耶尔（La Bruyère）所做的著名描述进行对比便可知晓。

农民们真的不堪税赋，要将自己收入的五分之四上缴而不是当今的五分之一？对此不可能有确切的回答。有一个重要的事实似乎可以证实旧体制下的农村居民不可能过得如此悲惨，因为我们业已证实，有超过三分之一的土地是被农民买下的。

人们对当时非常暴虐和复杂的财政制度了解也很多，如预算经常处于赤字状态，残暴的包税人在各种税赋上层层加码。到了大革命时期，这种财政形势引发了普遍的不满。三级会议的会议记录上也提到了这点。我们注意到，会议记录所列举不是以前的情形，它反映的是由 1788 年的歉收和 1789 年严寒的冬季所引发的危机的真实情况。如果再提前 10 年，这些记录里会记载些什么呢？

尽管形势严峻，但这些记录中也不会载有任何革命的想法。最激进的想法也不过是要求"加税要由三级会议批准，且所有人都应纳税"。不否认有时还会提出"国王的权力应该受到一部规定国王权力和国民权力的宪法的制约"。如果这些愿望得以实现，那么用以取代绝对君主制的君主立宪制很容易便会被建立起来，大革命由此也就很可能不会发生了。

不幸的是，由于贵族和教士阶级太过于强势，而路易十六又过于软弱，导致这种方案夭折了。

资产阶级的要求也给这种方案带来极大的麻烦。声称要取代贵族阶级的资产阶级是大革命的真正推手。资产阶级所发动的这场运动很快便超出了其预期、要求和希望。资产阶级为了自己的利益而要求平等，但人民也转而向它要求平等。大革命由此最终以成立民众政府而结束，但这是大革命从一开始根本没有想到的结局。

四、大革命期间对君主制的情感变化

虽然情感因素演化缓慢，但可以肯定的是，在大革命期间，不但民众对君主制的情感发生了迅速的转变，连革命议会也是如此。从第一届革命议会的立法者们满怀敬意地簇拥在路易十六的身旁到其被砍头，中间只隔了短短数年时间。

这些转变只是表面上的而非深层次的。事实上，也只是把对同一个秩序的情感进行了简单的位置调换，也即这个时期的人们把口中念叨的对国王的爱，转移到了继承其权力的新政府的身上。这个道理很容易理解。

在旧体制下，所谓天授神权的君主被赋予了一种超自然的权力，各地的民众都对其表示了认同。

一旦受到膜拜的人的权力一再被证实是虚幻的，那么民众对君主绝对权力的迷信便会立刻崩塌，其威望便会立刻消失。一旦失去威望，民众便不会原谅那曾让人着迷而如今崩塌的偶像，并寻找他们不可或缺的新偶像。

自大革命伊始，大量为人津津乐道的事件终让最狂热的信徒们明白，君主不再拥有权势，众多其他势力不仅可以挑战君主，还可以凌驾其上。

目睹了王室在议会上的颓败及其在面对武装进攻时却无力保护巴黎市中心最坚固的城堡巴士底狱，老百姓们会做何感想？

王室的弱不禁风昭然若揭，议会的权势如日中天。在百姓看来，弱不禁风便是威严扫地，于是百姓们转而投向了强者。

议员们的情感也在变化当中，但演化极为缓慢。这也是为何当巴士底狱被攻陷后，在国王逃走并与外国势力串通的情况下，议员们对君主制的信仰依旧的原因。

对王室的忠诚非常强大，以至于巴黎的骚乱和事变虽让路易十六掉了脑袋，但还不足以彻底摧毁这种忠诚。在外省，人们对古老君主制长达数世纪的虔诚①依旧。

在整个大革命期间，在法国大部分地方依然存在着对王室的忠诚，这也是保王事件以及起义在几个省份频发的原因。频繁的事端让国民公会疲于弹压。但在巴黎已不见对王室的忠诚，因为在巴黎，王室的颓废是有目共睹的，但在外省人看来，王权依然是神在人间的化身，依然具有威信。

对王室的感情深深扎根于人们的心灵，断头台也无法遏制这种情感。保王运动在整个大革命期间一直持续不断，在督政府时期甚至愈演愈烈，49个省派保王党代表去巴黎请愿，由此引发了果月政变②。

对君主制的这些情感，大革命难以压制，这促成了波拿巴的成功掌权。波拿巴占据了王位后，几乎又重新恢复了旧体制。

————————

① 为了表达人民对国王的这种深厚爱戴，米什莱讲述了发生在路易十五时期的一件事。"当人们在巴黎得知路易十五离开王宫视察军营并在梅斯（Metz）患病的消息时已是夜晚。但人们还是不顾休息，漫无目的地四处奔走打探；教堂在深夜也敞开大门……人们聚集在十字路口，陌生人之间彼此靠近，相互询问。有好几个教堂的牧师泣不成声，中断了唱诗，改为国王的健康祈祷。百姓们也悲戚哭喊……当信使带来国王康复的消息时，大家上前拥抱，几乎使之窒息；人们亲吻他的马儿，似乎在欢迎凯旋的英雄……大街小巷响彻'国王康复了'的欢呼声。"

② 法国督政府中的共和派督政官为镇压保王党复辟活动而组织的政变，发生于共和五年果月18日（1797年9月4日），故名"果月政变"。——译注

第三章　大革命期间的精神无政府状态以及哲学家们的作用

一、革命思想的产生和传播

传统、情感、道德观构成了人的内在框架，支配着人的行为并维系着不容置疑的一些基本概念，内在的框架决定了人们的外在生活，各个时代皆是如此。

一旦这套框架的抗应力下降，之前没有可能产生的思想观点便可能萌发、滋长。如在两个世纪前曾遭到猛烈鞭挞的某些理论，到了大革命期间却大行其道，其中缘由便是如此。

这样说的目的在于昭示：外在的革命事件是内在的缓慢的心理演变的结果。若要对一场革命进行深入研究，则必须要深入研究滋生革命思想的精神土壤。

思想演化通常是极为缓慢的，在一代人的时间内是看不到这种演化的。人们只有把同一个社会阶级的心理状态在精神变化曲线上的最高点和最低点进行对比，方能看出其演化的程度。为了弄清楚饱学之士对路易十五和路易十六统治时期王室的看法，人们可以将博絮埃和杜尔哥（Turgot）的政治理论加以比较。

博絮埃在解释他那个时代的人对于绝对君主制的普遍看法时说，政府的权威是建立在上帝的意志的基础之上的，国王的行为从来都不是对人负责，它只接受上帝的意志的评判。因而，宗教信仰和君主信仰一样强大，二者密不可分，任何一位哲学家都无法动摇二者。

路易十六的那些如杜尔哥一类谋求改革的大臣们，他们的著述则呈现一种完全不同的精神。他们几乎绝口不提圣灵或国王，而人的权利开始得到明确的描绘。

路易十五统治末期所发生的诸多事件，对从税赋、贫穷、饥荒到不幸的战争这样一个演化起到了推波助澜的作用。对君主权威的尊崇产生了动摇，并慢慢被反叛精神所取代，一旦时机成熟，它便露出峥嵘。

整个的精神框架开始分崩离析并迅速解体。这也是一些之前由于缺乏适宜滋生的土壤而一直名不见经传的所谓新思想，在大革命时期能够迅速传播开来的原因。

实际上，这些极具诱惑力的思想早已出现过多次并影响了英国政治多年。早在两千年前，古希腊、古罗马的作家们便已开始捍卫自由、诅咒暴君、宣扬人民主权。

发动大革命的资产阶级，尽管其本人及其父辈早已从教科书中知道了这些事物，但他们却不为所动，因为时机不成熟。为何在一个把等级制度当成一种必然且加以尊重的时代，人民反而会受到这些思想的触动？

哲学家们在大革命爆发中真正的作用并非如人们想象的那么大。他们并没有揭示出什么新东西，但却发展了批判精神，而面临着分崩离析的教条无法对抗这种批判精神。

在这种批判精神的影响下，业已不受待见的事物变得越发不堪，当传统和声望尽失时，整个社会大厦便会轰然倒塌。

这种逐步解体最终传导至民众，但解体进程并非由民众开启。民众只是效仿，绝非首创。

哲学家们无法对人民施加影响，但对于民族中的开明阶级的影响却不同凡响。游手好闲的贵族阶级，长久以来不予委任职位，因此，对社会心怀不满并跟着哲学家们一起鼓噪。缺乏远见卓识的贵族阶级率先与自己唯一赖以为继的传统相决裂。满怀人道主义和理性主义的资产阶级则不断地以批判来挖自己特权的墙脚。最热忱的改革者往往出自命运的宠儿群体之中，如今也是一样。贵族阶级鼓励人们去论述社会契约、人权、公民平等。在剧院里，他们为批判特权阶级的武断、尸位素餐以及各种弊端的演出击节叫好。

一旦人们失去了对规范其行为的精神框架的信任，便会感到痛苦，随即便是不满。所有的阶层都感到之前的行为理据都消失不在了，之前眼中那受尊崇长达数世纪的事物不再受尊崇了。

作家们和贵族的苛责的精神不足以撼动根深蒂固的传统，但与其他的重大影响叠加后可以产生共振效应。我们在前文引述博絮埃时提过，如今业已分道扬镳的教权和世俗政府，在旧制度下却是紧密相依，一荣俱荣，一损俱损。实际上，在君主制发生动摇之前，宗教传统的力量在受过教育的人心目中已经大不如前。知识的持续进步让人从信奉神学走向崇尚科学，从神启的真理走向观察到的真理。

精神上的演化尽管一直模糊难辨，但这表明，规范人们长达数世纪的传统并没有人们所想的那么大的价值，有必要取而代之。

但能够取而代之的新因素又在哪里？到哪里去寻找能够在"人们普遍不满"的这片废墟之上建起另一座社会大厦的魔术棒？

人们一致相信，理性具有传统和神灵所失去的那种力量。理性的成就不计其数，由此认定以理性来建设社会，以理性完全改造社会，难道不合理吗？为何要怀疑理性的力量呢？随着传统越来越被人鄙夷，理性对于人的作用有可能很快会变得非常大。

理性至上成了终极思想，这种思想不仅催生出了大革命，还完全驾驭了大革命。在大革命期间，人们为了与过去相决裂，为了按照逻辑指定的蓝图来建立社会，付出了一切努力。

哲学家们的唯理论逐步传播到了民众并被总结成为一句话：从前应当遵从的东西如今不再被遵从，人是平等的，不必再对从前的主子唯命是从。

对上流阶级所不再遵从的事物，群众很自然也跟着不再遵从。当遵从的障碍消除后，革命便水到渠成。

这种新的心理状态造成的第一个结果便是普遍的不顺从。据维热-勒布伦夫人（Vigée-Lebrun）① 讲述，当她在隆尚（Longchamps）游历时，老百姓一边踏上马车的踏板一边对她说，"明年，您便会待在后

①　勒布伦夫人，路易十六王后玛丽·安托瓦内特的御用肖像画家。——译注

面，而我们则坐在里面"。

不只是民众表现出这种不顺从和不满。在大革命前夜，这样的情绪随处可见。泰纳说："底层教士对高级教士、外省贵族对宫廷贵族、诸侯对大领主、农民对城里人都充满了仇视。"

这种精神状态从贵族、教士一直蔓延到民众，同样也波及了军队。在全国三级会议召开之际，内克尔（Necker）① 说："我们对军队没信心。"因为军官们也被人道主义化、被哲学化了。从社会底层招募来的士兵虽然没有被哲学化，但都变得不听话了。在他们简单的大脑中，平等观仅仅意味着可以对上级和一切命令说不。1790 年，二十多个团的士兵对他们的军官加以威胁，甚至有几次，如在南锡，军官们还被关押起来。

精神上的无政府主义蔓延到了所有的社会阶层，包括军队，这成了旧制度消亡的主要原因。里瓦罗尔写道"受到第三等级② （Le Tiers）思想的影响，军队发生了背叛，正是这种背叛导致了王朝的覆灭"。

二、18 世纪哲学家对民主的厌恶及其在革命酝酿过程中的作用

一般认为哲学家们是法国大革命的煽动者。但不能因为他们抨击不公和舞弊，就认为他们就是民众政府的支持者。他们在研究了古希腊时期民主的作用后，普遍对民主极为反感。因为他们无法忽视与民主伴随而来的破坏、暴力，他们知道在亚里士多德时代，民主已经被定义为：一个国家中的每一件事情，包括法律，都取决于民众的意见，民众俨然是登基的暴君，是被几个演说家所左右的暴君。

---

① 内克尔，路易十六时期的财政大臣，瑞士银行家，主张缩减开支，1781年被免职。——译注

② 第三等级，通常是指 18 世纪末法国资产阶级革命前由纳税义务的人构成的等级。与那些不纳税、享有封建特权的人构成的第一等级（僧侣）和第二等级（贵族）相对立。具体包括农民、手工业者、小商贩、城市贫民和资产阶级等，占法国全国人口的 95％ 以上。他们均属被统治阶级，虽负担着国家的各种赋税和封建义务，但却没有任何权利。——译注

皮埃尔·贝尔（Pierre Bayle）是伏尔泰真正的前辈，他对雅典民众政府的所作所为做了如下描述：

> 我们看到的这段历史，其间充斥着群体性的骚乱；雅典城被各个派系所瓜分；暴动让该城市不得安宁；在残暴的煽动者的蛊惑下，最有才华的人遭到迫害、放逐，甚至被处死；人们确信，这个以特别自由而著称的民族，本质上却是一小撮蛊惑者的玩偶，这些蛊惑人心的政客根据自己的兴致一会儿让它向东，一会儿让它向西，犹如海浪随风变向。在马其顿这样的君主制国家里，您是找不到雅典历史中那么多的暴政的例子的。

孟德斯鸠也对民主没有太多的好感。在描述了三种政府形式——共和制、君主制、专制——之后，他还特别指出民众政府容易出现的问题：

> 人们因法律而自由，但人们还想自由地反抗法律；准则成了严厉，规则成了束缚。私人的财产成了公共财产；公共财产又成了私人的祖业。共和国是一种招牌；它的力量为几个人所用，所有人都可以借它为所欲为。……于是出现了许多的小暴君，每个小暴君身上都拥有单一的暴君身上一切的暴虐。仅剩下的一点自由的东西也很快让人难以容忍；单一的暴君出现了，民众失去了一切，甚至连腐化堕落的资格也没有了。民主要设法避免极端的平等意识，因为它将导致民主走向一个人的专制，就像一个人的专制终将走向征服一样。

孟德斯鸠的理想是英国式的立宪政府，它可以防止君主制堕落为专制。只是在大革命期间，这位哲人的影响力极为有限。

至于百科全书派，人们认为其在大革命爆发中所起的作用很大，其中除了自由君主制分子霍尔巴赫（Holbach）①、伏尔泰和狄德罗之外，大多不太关心政治。他们捍卫个人的自由，抨击极端狭隘的教会的侵犯以及哲学家的敌人。他们既非社会主义也非民主分子。大革命和他们的理念毫无关联。伏尔泰本人表示自己对于民主不大赞同，他说：

> 民主仅适合一个非常小的国家，而且还要位置好。尽管很小，但是它也会犯很多错，因为它也是由人构成的。混乱将在那里成为常态，就像挤满了修士的女修道院；不过，因为喝下了这免费的海水②，该国将不会发生圣巴托罗缪之夜大屠杀，不会有爱尔兰大屠杀，不会有西西里岛晚祈祷事件③，不会有宗教裁判所，不会有苦役犯，除非这个共和国是由地狱某个角落的恶魔组成的。

所有这些所谓大革命的煽动者的观点却绝少是颠覆性的，几乎看不到他们在革命运动的发展过程中起到过什么实质性的作用。卢梭是他那个时代绝无仅有的几个民主哲学家之一，这也是他的《社会契约论》在大恐怖时期被奉为圣经的原因。他似乎在为无意识的神秘主义、

---

① 霍尔巴赫（1723—1789），法国哲学家，无神论者。生于德国巴伐利亚一个商人家庭。1735 年移居法国。1744 年就读于荷兰莱顿大学。1749 年回到法国，后继承伯父的男爵爵位。与狄德罗等人参加了《百科全书》的编纂工作，是"百科全书派"的主要成员之一。著有《自然的体系》《健全的思想》《揭穿了的基督教》《神圣的瘟疫》《自然政治》等。其中，《自然的体系》一书有"无神论的圣经"之称。——译注

② 原文如此，在此应该指采用了"民主"。——译注

③ 指反对安茹王朝的西西里国王卡洛斯一世对当地统治的一场起事。1282年 3 月 30 日是复活节，一大群西西里人聚集在巴勒莫附近的一所教堂外面等待晚祷钟响起。一伙法国官员也加入了人群，不顾人们对他们冷眼相向。几个法国人开始和西西里女子套近乎，后来一个法国军士带着一个已婚的女子离开人群，女子的丈夫当即就把法国军士刺死了。法国人立马要为他们的同伴复仇，却当场遭到群众攻击和杀害。当全城的晚祷钟声响起，报信者们在巴勒莫四处奔走，号召人们暴动。西西里人屠杀了法国人以及同法国男子结婚的女子，侵袭了房屋、客栈和僧尼修道院。——译注

情感主义的冲动所引发的行为开脱，并为其提供理性主义的理由，然而任何一位哲学家都未曾鼓吹过神秘主义、情感主义。

实事求是地说，卢梭的民主直觉相当可疑。他本人认为，他的社会重组计划是建立在人民主权的基础之上的，只适用于很小的城邦。因此，当波兰人向其讨教民主宪法方案时，他向其建议选择一个世袭的国王。

在卢梭的理论中，关于完美的原始社会状态的理论大受褒赞。当时的作家们和他一样，大家都确信原始人是完美无缺的，只是社会让他们堕落了。用好的法律来对堕落的人加以矫正，人们便可以重获原始时代的那种幸福。由于不懂心理学，卢梭便认为各个时代、各个地方的人都是一样的，每个人都应受到同样的制度以及同样的法律的制约。这在当时是一种普遍的看法。爱尔维修（Helvétius）写道："一个民族的善与恶向来都是立法的必然结果……各个民族的善或多或少都是行政治理智慧的结晶，这点难道有问题吗？"

没有比这更为荒谬的了。

三、大革命期间的资产阶级哲学思想

很难确切描述大革命期间某位资产者的社会观和哲学观。不过，著名的《人权宣言》对这些观点做了概括，大致将其分为博爱、平等、民众政府等几种形式，我们将从《人权宣言》中引述一些片段。

18世纪的哲学家似乎都没有得到大革命时期人们的高度认可。而且他们很少出现在人们的话语中。新立法者们依旧沉浸在对古希腊和古罗马的古典回忆中，重温着柏拉图和普鲁塔克（Plutarque）[①] 的著述。他们想重现斯巴达时代的政体、习俗、法律以及朴素的生活。

---

① 普鲁塔克（约公元46年—120年），生活于罗马时代的希腊作家，以《比较列传》（常称为《希腊罗马名人传》或《希腊罗马英豪列传》）一书留名后世。他的作品在文艺复兴时期大受欢迎，蒙田对他推崇备至，莎士比亚不少剧作都取材于他的记载。——译注

莱克古斯（Lycurgue）①、梭伦（Solon）②、米太亚德（Miltiade）③、曼利乌斯·托尔卡图斯（Manlius Torquatus）④、布鲁图斯（Brutus）⑤、穆西乌斯·塞沃拉（Mucius Scaevola）⑥ 以及神话人物的米诺斯（Minos）⑦ 都成了戏剧舞台和讲坛上的常客，为民众所津津乐道。革命群众始终笼罩在古代英雄的光环之下，只不过后来人们将其换成了18世纪的哲学家的光环。

人们知道，这个时代的人一般被描述为一群在思维缜密的哲学家们指导下的、坚忍不拔的革新者，但实际上，他们却从不主张进行革新，而是执着于尘封已久的、充满不确定性且他们一无所知的过去。

理性的人是不会在如此遥远的过去中寻觅自己的榜样的，而只想着采用孟德斯鸠和伏尔泰大加赞扬的英国式的宪政体制，且各个民族都应加以模仿，以免除暴力危机。

他们的抱负仅限于完善现存的君主制，而非推翻它。但在革命时代，人们所设想的道路往往与实际的道路截然不同。在全国三级会议召开之际，根本没人想到温和的、有文化的资产阶级发动的一场革命会迅速转变成为一场历史上最为血腥的专政之一。

---

① 莱克古斯，古斯巴达的立法者，主张严刑酷法。——译注
② 梭伦，古雅典政治家和立法家。——译注
③ 米太亚德，约公元前554年—前489年，古希腊的雅典统帅。——译注
④ 曼利乌斯·托尔卡图斯，古罗马执政官。——译注
⑤ 布鲁图斯，古罗马的元老院议员、政治家和将军，图谋暗杀恺撒。在与马克·安东尼和屋大维的争权战——菲利皮战役中失利并自杀。——译注
⑥ 穆西乌斯·塞沃拉，古罗马时期的一位左撇子英雄。——译注
⑦ 米诺斯，希腊神话中的克里特国王，主神宙斯和欧罗巴之子。——译注

第四章　法国大革命的心理幻象

一、对原始人、自然状态、大众心理的幻象

我们已经提及并再次重申，一个学说中的谬误并不妨碍它的传播，唯一要关注的是它对人的影响。

在心理学家看来，批判错误却无人喝彩，是件极为有趣的事。哲学家要想弄清楚人们为何如此沉迷，不妨着重研究一下人们在生活中的幻象。

也许，在历史的长河中，只有大革命时期才会出现如此多的意义深远的幻象。

最为明显的一个幻象便是关于我们先祖和原始社会的本质。在人类学还没能揭示我们远祖的生存状况之前，人们只根据《圣经》的记叙而认为，人类是完全出自造物主之手。后来被文明所玷污的原始社会是人类社会应该皈依的模型。重返自然状态很快成了众口一词的要求。

卢梭说："我在我的著述中所论述的道德的基本原则便是：人的本质是善良的，他热爱公正和秩序。"

现代科学通过我们祖先生活的遗迹判断其生存状况，很早便证实这个学说是错误的。现代科学认为原始人是粗野残忍的，他们和现代野蛮人一样，不知善良、道德、怜悯为何物，他们只受冲动的支配，在饥饿的驱使下，他们便离开洞穴冲向猎物，在仇恨的刺激下，他们会扑向敌人。理性尚未诞生，不可能对他们的本能有任何的作用。

与所有的革命信仰相反，文明的目标不在于回归原始状态，而是要脱离原始状态。雅各宾党人恰是要以摧毁一切社会约束——没有这些约束，任何文明都无从谈起——从而将人类带回到原始状态，将一个开化的社会变成了野蛮的游牧部落。

理论学家对人的本质的看法与一位罗马将军对占卜者的力量的认识差不多。作为行动的动机，它们的影响都相当大。国民公会总是从中汲取动力。

有关原始先祖的错误认识是可以原谅的。因为在现代发现之前，人们对他们真正的生存状况的了解是少之又少。但大革命理论学家完全无视其周围人的心理则是难以理解的。

18世纪的作家和哲学家完全不具备细微观察的能力，这点似乎能说得过去。他们生活在同龄人之间，但却既不观察他们、也不理解他们。他们从不怀疑大众的心理。在他们看来，人民总是和他们空想出来的虚幻模型相一致。由于对心理学以及对历史教训的无知，他们认为人民的本质是善良的、有情义的、懂得感恩的并时刻准备倾听理性的声音。

国民公会的议员们的话语表明他们是多么的不切实际。当农民开始焚烧城堡时，他们居然觉得不可思议，并苦口婆心地劝导农民停止纵火，以免"惹恼了他们的好国王"，并恳请他们要以"德行来感动国王"。

二、幻想使人摆脱过去，迷信律法的改造力

人类很容易摆脱过去，一个社会可凭借制度来加以全方位的重塑，这点成了革命制度的基础原则之一。

在理性的启蒙下，立法者认为，除了可作为模式的原始社会之外，过去代表的是迷信和谬误的一种遗赠，立法者决定要与之彻底决裂。为了更好地体现这种意图，他们建立起一个新的纪元法，并更改历法，更改月和季度的称谓。

考虑到人与人都是相似的，他们认为可以为人类立法。孔多塞

(Condorcet)①　说，"一部好的律法应当是对所有人而言都是好的，正如在所有人看来都是正确的一个几何命题"，他认为自己阐述的是一种显而易见的真理。

大革命的理论学家从未觉察到隐藏在显性的事物背后那些不可见的动因，这些动因决定着事物的走向。生物学的进步表明，他们的错误是何等严重，生物对其过去是何等依赖。

大革命的改革者们一直在与过去的影响做斗争，而根本不明白过去的影响为何物。他们想要斩草除根，但结果恰恰相反。

在大革命末期，立法者对制度和法律的绝对力量的信仰产生了动摇，而在初期则是信心满满。格雷古瓦（Grégoire）在制宪议会的发言席上说"如果我们愿意，我们就可以改变宗教，只是我们不愿意"，而在场的人居然也毫不惊讶。人们知道，他们想稍后去做这个事情，人们当然也知道，他们的企图遭到了何等惨烈的失败。

雅各宾派拥有一切成功的要素。得益于无所不用其极的暴政，他们扫清了一切障碍。他们所钟情的法律都得以被接受。在十年的暴力、摧毁、焚烧、屠杀、动荡中，他们的颓势越发明显，最终沦落到四面楚歌的地步。独裁者在整个法兰西的要求下，不得不恢复先前遭到废除的绝大部分事物。

雅各宾派想要在纯理性的借口下重塑社会的企图是一场最发人深省的实验。人类或许将不会再以如此大的规模来重蹈覆辙了。

尽管教训异常深刻，但它并不足以警醒世人，如今我们依旧看到，社会主义分子还在凭借他们的空想来主张彻底重塑整个社会。

---

①　孔多塞（1743—1794）是 18 世纪法国启蒙运动时期最杰出的代表之一，同时也是一位数学家和哲学家。他亲身参加了 1789 年爆发的法国大革命。他是法兰西第一共和国的重要奠基人，并起草了吉伦特宪法。他也是法国革命领导人中为数不多的几个公开主张女性应该拥有与男子相同的财产权、投票权、工作权以及接受公共教育权的人之一。1793 年 7 月，执政的雅各宾派以"反对统一和不可分割的共和国的密谋者"为罪名追捕孔多塞，后者于 9 个月后，即 1794 年 3 月服毒身亡。——译注

三、对大革命原则的理论价值的盲从

大革命用以构建新权力的基本原则被写入先后于 1789 年、1793 年以及 1795 年公布的《人权宣言》之中。这些《宣言》都宣称"主权原则属于国家"。

这三部《宣言》在几个方面并不一致，尤其在平等问题上。1789 年的《宣言》的第一条只是简单地说"人生而自由，始终自由，且权利平等"。1793 年的《宣言》在第三条中更进一步明确了"所有人生而平等"。1795 年的《宣言》在第三条中说得较有分寸："平等体现在法律面前人人平等。"此外，在谈及权利之后，第三部《宣言》还认为有必要就"义务"做出说明。第三部《宣言》中的道德就是指《福音书》中的道德。其中的第二条认为"人和公民的一切义务源于铭刻在每个人心中的两个原则：己所不欲，勿施于人；己欲立而立人，己欲达而达人"。

这些《宣言》的核心部分便是平等和人民主权，它们也是唯一保留下来的部分。

共和国的格言"自由、平等、博爱"尽管理性不足，但作用相当巨大。

这句神奇的格言被镌刻在我们的墙壁上，铭刻在我们的心中，它拥有实实在在的超自然的力量，仿佛是被巫师施加了魔力的咒语。

在承诺燃起的新希冀的推动下，这句咒语的扩张力十分惊人。成千上万的人为它付出了生命。如今，每当一个地方爆发革命，总会听到这同样的话语。

选择这样的范式非常幸运，它属于笼统含糊的、让人浮想联翩的范畴，每个人都可以根据自己的意愿、自己的爱恨、自己的希望来自由阐释它。真实的意义并不重要，从信仰而言，人们赋予它的意义才是其力量所在。

在革命格言的三原则中，平等最富有意义。在本书的另一个章节中，我们将看到，平等是唯一存续并被保留下来的，其影响至今不绝。

人们不能肯定是不是法国大革命把平等思想带给这个世界的。无须追溯至古希腊共和国时期，人们便可看到，基督教和伊斯兰教早已以最直白的方式在传授平等理论了。所有人都是上帝的子民，在他面前都是平等的。上帝只根据人的德行来对人进行评判。

仅仅把平等宣称为一个原则是不足以让人遵守的。基督教会很快便抛弃了理论上的平等，大革命人士也只是演讲者才提及平等。

平等一词的意义随着使用它的人的不同而不同。其中隐含的情感经常与其真实的意义截然相反，不但体现着"不让任何人高于自己"的蛮横要求，还伴有"自己要高人一等"的强烈愿望。

在大革命雅各宾党人中，在如今的雅各宾党人中，平等一词释放出来的仅仅是对于一切优越因嫉妒而萌生的愤恨。为了消除优越，他们声称要统一习俗、礼仪、习惯、地位。一切专制，除了他们自己施行的专制外，都是可憎的。

无法回避天生的不平等，这让他们感到反感，于是他们便矢口否认不平等。第二部《人权宣言》，也就是上文提及的 1793 年的那部，便公然谎称"所有人生而平等"。

隐藏在大革命人士对平等的渴望之下的只是一种强烈的不平等需求。拿破仑被迫为他们恢复了贵族头衔和勋章。泰纳指出，在最为可怖的革命中，他找到了最为驯服的统治工具，泰纳说："在自由和平等的布道下，顷刻间，他便把他们的专制本能欲望、发号施令的欲望、强过别人的欲望尽收眼底。此外，绝大多数的下属也都对金钱和享乐充满渴望。救国委员会的代表和帝国的部长、行政长官、专区区长之间的差距并不大，他们只是穿着两套服装的同一人，只不过前者着短上衣，后者穿绣花外套。"

平等教义取得的第一个成果就是资产阶级要求人民主权的申明。这个申明一直是纯理论上的空谈，至少在整个大革命时期都是如此。

平等原则是大革命的遗赠。在共和格言中分列在"平等"左右的"自由"和"博爱"两个词基本没有什么大的影响。人们甚至可以说，在整个大革命以及帝国期间，除了装扮语句之外，它们几乎毫无用处。

此后它们的影响也是微乎其微。博爱根本没有被用于实践，人们也几乎不在意自由。实际上，工人们把自己的自由完全交给了工会。

总而言之，尽管共和格言极少用于实践，但它的影响特别巨大。除了这三个著名的词语之外，法国大革命在人民的心目中业已荡然无存，这三个词成了人民的福音书，成了横扫整个欧洲的利器。

第二篇　大革命期间神秘主义、集体主义、理性主义、情感主义的影响

第一章　制宪议会心理

一、法国大革命过程中的心理因素

在法国大革命的发生以及发展过程中，在不同的逻辑支配下的神秘主义、集体主义、理性主义、情感主义因素都起到了一定的作用。我已经说过，很多历史学家由于没能对上述因素各自的影响加以区分，导致他们对这个时期的解释差强人意。

理性主义因素常被人用来解释大革命，实际上它对于事件的影响力最弱。它对法国大革命仅起到了铺垫作用，而且仅是在大革命的开始阶段，因为此时的大革命还是资产阶级性质的。它的作用体现在很多的措施中，如税收改革计划、取消寄生的贵族特权等。

一旦大革命深入民众阶层，理性主义的力量迅即消失，并让位给情感主义和集体主义因素。而神秘主义因素则是革命信仰的基础，它能让军队热血沸腾，能让全世界都接受新信仰。

我们马上来看看这些因素在一系列事件中、在个体的心理中的影响。有着最重要影响力的也许是神秘主义因素。只有把大革命看成是一种宗教信仰形式，我们才能明白大革命，这点怎么强调也不为过。我们所谈及的有关一切信仰的结论都同样适用于法国大革命。例如，

在之前有关宗教改革运动的章节里，就可以看到它在很多方面都和大革命很相似。

哲学家们在花了很长时间来描述理性主义因素在信仰中的微弱价值之后，如今又开始深入阐释信仰的作用。他们不得不承认，唯有信仰才具有改造一个文明中各个要素的足够力量。

信仰独立于理性之外，它拥有指引思想和情感朝同一个方向前进的力量。纯理性从未有过如此的力量，它也无法激发人们的热情。

大革命很快便披上了一件宗教外衣，这也解释了为何大革命会具有如此大的扩张力并获得如此的声誉。

很少有历史学家认为，应该把这场伟大的运动看作一种新宗教的奠基仪式。我认为，洞察力强的托克维尔是第一个揣测到这点的人。

托克维尔说："法国大革命是一场政治革命，但它采用的方式和外在的形式却与一场宗教革命无异。从几个特征和规律来看，大革命都与宗教革命相似，大革命不仅像宗教革命一样传播甚远，而且还像它一样，以预言和布道来贯彻。一场政治革命激发起了人们对新信仰的热忱，人们热切地劝说外国也开展他们在自己国家中如火如荼进行的革命，这是一个什么样的新景象！"

大革命的宗教特征已经得到认可，人们的狂怒和破坏行为也就很容易解释了，历史告诉我们，这是和信仰与生俱来的东西。大革命煽动起来的不宽容和暴力，其实就是获胜的神灵要求其信徒们做的事情。大革命让欧洲20年不得安宁，它摧毁了法国，杀死了数百万人并导致法国遭受数次入侵，但不经历如此的浩劫，一个民族就无法改变其信仰。

神秘主义因素历来是信仰的根基，但某些情感主义和理性主义因素很快也会介入其中。信仰成了情感主义范畴内的感情、激情和兴趣的集合体。理性将这个集合体加以发展，以便设法为它鞭长莫及的事件提供合理的依据。

在大革命时期，每个人都会依据自己的期望，为自己的新信仰找到一件理性的外衣。人们看到大革命只是将祸害他们的等级制和宗教的、政治的专制统统加以废除了。像歌德（Goethe）这样的作家和康德（Kant）这样的思想家都认为这是理性的胜利。一些外国人如洪堡特（Humboldt）甚至还来到法国"呼吸自由的空气并观看专制主义的葬礼"。

但知识分子的这些幻想并没有持续多久。事件的演变很快便暴露了其梦幻表象的实质。

二、旧体制的解体和全国三级会议

大革命在付诸行动前便已经在人们的脑海中酝酿着了。在上述因素的铺垫下，法国大革命在路易十六统治时期爆发了。资产阶级的不满和指责与日俱增，胃口也越来越大。所有人都在呼唤着改革。

路易十六非常明白改革的益处，但是他太软弱了，根本没办法在贵族和教士阶层中进行改革。他甚至连他的改革大臣马勒舍布（Malesherbes）和杜尔哥都保不住。接连的饥荒和税赋的加重让各个阶层的贫困渐长，君主及其身边人的巨额俸金与普遍的穷苦形成了惊人的反差。

为了消除财政危机，贵族们被召集起来开会，但他们拒绝接受平等纳税，仅同意了某些无关痛痒的改革，而最高法院又不同意签署这些改革，于是最高法院被解散。各省的高等法院效仿最高法院，由此也全被解散。被解散的这些人掌握着舆论主动权，他们四处奔走呼号要求召开全国三级会议，而这样的会议已经有近两个世纪没有召开过了。

全国三级会议最终还是召开了。500 万法国人中有 10 万教士，15 万的贵族，他们都派出了自己的代表。三级会议共有代表 1200 名，其中第三等级的 578 名代表主要由官员、律师、医生组成。教士阶层有 300 名代表，其中的 200 人是平民出身的代表，这些平民代表和第三等级的代表站在一起反对贵族和教士阶级。

从第一次会议开始，社会地位不平等、心理状态不同的代表之间的心理冲突就表现了出来。特权阶级的华丽服饰与第三等级寒酸的衣着之间产生了让人屈辱的对比。

在第一次会议上，贵族和教士代表根据他们的阶级特权，在国王面前没有行免冠礼，第三等级的代表欲效仿之，结果遭到特权阶级的抗议。第二天又爆发了一些涉及自尊的新冲突。第三等级的代表邀请单独坐在特设议事厅中的贵族和教士阶级的代表一起审议权力事宜，但遭到贵族代表的拒绝。磋商持续了一个多月，最终，第三等级的代表自恃代表了全国95％的人口，便根据西哀士（Sieyès）教士的建议，宣布自己组建国民议会。法国大革命序幕由此拉开。

三、制 宪 议 会

一个政治议会的力量大小取决于其对手的强弱。制宪议会对自己没有遭遇像样的抵抗、只受到寥寥几个演说家的强力掣肘而感到惊讶，制宪议会的言与行从一开始便以统治者自居。特别是它将征税权强行拿在自己手上的行为，更是对王权构成了严重的侵犯。

路易十六的反抗十分微弱。他只是关闭了制宪会议的议事厅，于是代表们便去了网球场大厅并在那里进行宣誓，宣称若不形成一部王国的宪法就绝不解散。

大部分的教士阶级代表站在了他们一边。国王宣布议会的决议无效，并命令代表们解散。大司仪德勒－布雷泽（Dreux-Brézé）侯爵规劝他们执行国王的命令，议会议长宣布国民议会不接受命令，米拉波（Mirabeau）则向国王的特使称会议是在人民的要求下召开的，议会不会屈服，除非使用武力。国王再次做出让步。

6月9日，代表大会决定采用制宪议会这个名称。数世纪以来，国王第一次被迫承认一个新的权力机构的存在，而从前这种由民选代表组成的权力机构是不被承认的。君主制走到了尽头。

路易十六感到威胁越来越大，于是在凡尔赛布置了由外籍雇佣军组成的军团。议会则要求撤走这些军队，路易十六拒绝了这个要求并将内克尔解职，而让以专横而著称的布洛格利（Broglie）元帅去接替他。

但是议会的捍卫者也不是省油的灯。卡米尔·德穆兰（Camille

Desmoulins）与一批人四处对群众发表演讲，号召他们起来捍卫自由。他们敲响警钟，组织起 12 000 人的民兵，并从荣军院夺来步枪和大炮，7 月 14 日，他们指挥武装人员向巴士底狱进发。这座堡垒几乎没有设防，几个小时后便被攻陷。人们从中找到 7 位囚犯，其中 1 人是疯子，4 人是造假犯。

巴士底狱关押过很多的专制受害者，在很多人看来，它是绝对君主制的象征，但是摧毁它的民众并没有受过巴士底狱的伤害。那里几乎只关押过贵族。

攻占这座堡垒所产生的影响一直持续到今天。一些严肃的历史学家如朗博证实"攻占巴士底狱不但在法国历史上，甚而在全欧洲的历史上，都是一件骇人听闻的事件，它开创了人类历史的新纪元"。

这种说法也许有些大言不惭。但这个事件的重要性从心理学角度而言却是独一无二的，它第一次证实了一个从前令人生畏的威权是多么不堪一击。

威权原则一旦在人民的心中受到损坏，它很快便会分崩离析。对一个无法保护自己主要堡垒免遭群众攻占的国王，人们还有什么要求不能向他提呢？被人视作无所不能的国王就这样掉下了神坛。

攻占巴士底狱还引发了一起精神传染事件，这样的精神传染事件在大革命历史中比比皆是。外国雇佣军团尽管对巴士底狱事件不大感兴趣，但受其影响，也开始显露出一些哗变的迹象。路易十六迫不得已将这些雇佣军团解散。他重新启用了内克尔，并亲自来到了巴黎市政厅，当面承认了既定的事实，接着便从国民自卫队司令拉法叶特（Lafayette）手中接过蓝、白、红三色帽徽。代表着巴黎市的蓝、红和代表着国王的白连成一体。

这场攻占巴士底狱的骚乱即便称不上是"历史上的一件骇人听闻的事件"，但它也标志着民众政府的开始。武装起来的人民自此以后便介入革命议会的讨论当中，并对议会产生了巨大的影响。

人民的介入符合人民主权教义，这受到了大革命历史学家们由衷的赞誉。一份关于大众心理学的浅显易懂的研究向历史学家们指出，他们称为人民的这个神秘的整体，其实就是几个领袖在做主。人民攻占巴士底狱，冲击杜伊勒里宫，强闯国民公会等，不过就是几个领袖——通常是通过俱乐部——联系上大批民众并发动他们去攻占、去冲击而已。在整个大革命时期，同样的一群人，在他们的领袖的带领下，或攻击或保卫势不两立的政党，这群人从没有自己的思考，唯领袖马首是瞻。

榜样是最高效的一种心理暗示方式，攻占巴士底狱后，必然会有一大批的堡垒遭到摧毁。很多的城堡被视作小巴士底狱，为了效仿摧毁它的巴黎人民，农民们也开始焚毁各地的城堡。由于这些领主的住宅是用封建杂税盖起来的，所以农民们焚毁城堡的情绪更加激昂。活脱脱的一种扎克雷（Jacquerie）起义①。

制宪议会像随后所有其他革命议会一样，对国王傲慢自大，对民众唯唯诺诺。

为了终结混乱的局面，8月4日夜，根据一位贵族代表诺阿耶（Noailles）子爵的提议，制宪议会通过了废除封建领主权利法案。尽管这个措施一举废除了贵族们的特权，但该法案还是在热泪盈眶、相互拥抱中得以表决通过。这样的热情迸发可用情感传染来加以圆满解释，因为我们知道，情感在民众中尤其是在因恐惧而不能自拔的议会中是可以传染的。

要是贵族们早几年放弃他们的特权，或许就可以避免发生大革命，他们放弃得太迟了。在万般无奈的情况下做出让步，只会促使人们提出更多的要求。在政治上，应当要有远见，要给自己留有回旋的余地。

路易十六在犹豫了两个月之后，批准了制宪议会8月4日夜里通过的决议案，并躲到了凡尔赛。领袖们向那儿派遣了一支七八千人的群众队伍，其中有男有女，因为领袖们向他们承诺说王室住所内有大量的面包供应。宫殿的围栏被推倒，一些侍卫被杀，国王及其家人在一干民众的叫嚣中被带回了巴黎，民众的长矛上还挂着被杀的士兵的头颅。这次恐怖的旅途长达6个小时。这些事件就是所谓"十月事件"。

---

① 扎克雷起义，是发生在1358年法国的一次反封建农民起义，是中古时代西欧各国较大的农民起义之一。扎克雷，源自 Jacgues Bonhomme，意即"乡下佬"，是贵族对农民的蔑称，起义由此得名。——译注

民众的权力日渐强大，而国王，一如议会，则慢慢落入民众的掌控之中，也即落入俱乐部及其领袖们的掌控之中。在近十年的时间里，民众的权力一直处于支配地位，大革命也几乎成了其唯一的事业。议会宣称人民是唯一的主人，但议会还是被大大出乎理论预见的骚乱所困扰。于是议会便设想制定一部宪法来恢复秩序、确保人民的永久幸福。

人们知道，在整个大革命时期，议会的一个主要任务便是制定、否定、再制定宪法。理论家们赋予宪法以改造社会的权力，如今也一样。议会不能辱没自己的使命。于是它在大革命期间颁布了《人权宣言》，并将革命原则落实到其中。

宪法、申明、宣言以及演讲对群众运动几乎起不到任何作用，议会内部的分歧日渐扩大。在俱乐部的支持下，激进党派日渐崛起，议会处境越发艰难。一些有影响力的领袖如丹东、卡米尔·德穆兰，稍后还有马拉、埃贝尔等人，在演讲中、在报纸上极力煽动平民，由此，人们很快便走入了极端。

在一片混乱中，国家财政没有得到改善。议会终于意识到，靠博爱的说辞是改变不了他们悲惨的现状的，面对即将到来的破产，议会于 1789 年 11 月 2 日下令没收教会的财产。教会的收入，包括从教徒抽取来的什一税等，约为 2 亿里弗，其总价值估计为 30 亿里弗，它们为几百名高级教士、宫廷教士所有，约占法国财富的四分之一。这些财产从此后属于国家，并作为发行"指券"① 的担保物，第一次发行了 4 亿里弗的指券。公众开始还接受指券，但到了国民公会和督政府时期，由于指券发行量过大，达到 450 亿里弗，面值 100 里弗的指券最后贬值到几个苏②。

在身边幕僚的怂恿下，懦弱的路易十六试图以拒绝批准制宪议会的法令来进行反抗，结果当然是徒劳的。

在领袖们日复一日心理暗示的影响下，在精神传染的作用下，革

---

① 1789—1797 年期间在法国流通的一种由国家财产担保的证券，后作通货使用。——译注

② 苏，法国辅币名，相当于 1/20 里弗或 1795 年后流通的 1/20 法郎，等于 5 生丁。——译注

命运动四处蔓延开来，并脱离了议会的掌控，甚至和议会产生了冲突。

在城市，在乡村，在当地国民自卫队的保护下，各地都成立了市镇革命政权。临近的市镇政权开始相互协作，以便在需要时彼此保护，就这样，它们很快便融合在一起构成了联盟。联盟之一于 1790 年 7 月 14 日向巴黎派出了 14 000 名自卫队队员，并聚集在战神广场（Champ-de-Mars），万般无奈的国王在此宣誓要坚持国民议会颁布的宪法。

这种宣誓没有实质意义，君主世袭制原则和议会宣称的原则之间没有任何妥协的可能，这点日渐明显。

回天乏力的路易十六只想着逃跑。在瓦雷讷（Varennes）被捕后，路易十六被像罪犯一样带回巴黎并关押在杜伊勒里宫。议会尽管一直是保王党性质的，但还是终止了他的权力，并决定独自担负起政府的职责。

从未有君主经历过像路易十六出逃时那么糟糕的处境。即便像黎塞留那样的天才也难以从中脱身。唯一可以仰仗的自保手段便是军队，但军队自一开始便离他而去。

在制宪议会统治期间，绝大多数的法国人以及议会无疑还是保王派的，若国王接受了自由君主制，或许他还会继续掌权。但路易十六似乎并没有尽力去和议会处理好关系。

肯定是没有尽力。而且连"尽力"二字对他而言都是不可能的事情。如果他同意修改祖上传下来的君主制，那他实在无颜以对列祖列宗。退一步而言，即便他要这么做，来自家族、教士、贵族、宫廷的反对声也会将他淹没。君主制所依赖的古老的贵族和教士阶级，他们的势力几乎和国王一样强大，国王每次屈服于议会命令，都是在武力胁迫下的不得已的屈服，而且仅是为了多争取一点时间。无计可施深陷绝望中的路易十六决定向外国求援。

他竟异想天开地指望着法国几个世纪以来的对手奥地利出手相助，而王后比之更甚。即便奥地利勉强同意前来搭救国王，那它也只想从中获得丰厚回报罢了。驻巴黎的奥地利大使（Mercy）告知路易十六，奥地利要他用阿尔萨斯、阿尔卑斯以及纳瓦拉作为回报。

俱乐部领袖们察觉到议会过于袒护路易十六，于是号召民众反对议会。联名请愿书要求议会召集一个新的权力组织来审判路易十六。

无论怎样，议会依旧忠于王室。在发现大革命的煽动性越来越过分时，议会决定对平民的袭扰展开反击。在拉法叶特的命令下，国民自卫队的一个营开赴战神广场，以驱散聚集在那里的群众。有五十多名示威者被杀。

议会的微弱抵抗并没有持续多久。非常害怕民众的议会，对国王慢慢强硬起来，国王的特权一天天被剥夺。国王几乎成了一个无职无权的公务员，只按照别人的意志行事。

议会自认为可以行使从国王那里剥夺来的权力，但这副担子又远远超出了它的能力。一个过于分散的权力一般都是无力的。米拉波说："我不知道还有什么比600人共同行使主权更可怕的事了。"

议会把所有权力集于一身并像路易十六一样行使着这些权力，为此它还曾洋洋自得。但很快，它便寸步难行了。

随着议会的权势逐步弱化，无政府开始滋长。民众领袖们不断地煽动民众闹事。暴乱成了唯一管用的权力。

每天，议会都要受到喧闹而蛮横的代表团的冲击，这些人以恐吓和警告为手段来达到目的。

议会出于害怕而一直对所有的群众运动唯唯诺诺，但这些运动根本不是自发的。它们仅仅是俱乐部和巴黎公社宣示其新权力的方式，这个新权力与议会的权力并驾齐驱。

在这些俱乐部中，最为强大的是雅各宾俱乐部，它在外省已经快速建立起了500多个听命于它的分支。在整个大革命期间，它的势力一直无人企及。在成了议会的主人后，它也就成了法国的主人，它只有一个对手，那就是起义的公社，不过公社的权力只限于巴黎。

国民议会的软弱和失误让它变得不得人心。议会也意识到这一点，且自己的势力一天不如一天，于是决定加紧制定宪法，以便自行解散了事。它的最后一个举动非常愚蠢，即下令任何制宪议会成员都不得参选立法议会。立法议会的成员由此也就没有前辈们的经验可以借鉴了。

1791年9月3日，宪法大功告成，9月13日，国王同意了该宪法，议会也恢复了国王的权力。

这部宪法要求组建一个代议制政府，规定要将立法权交给人民选举出来的代表，行政权交与国王，并承认国王拥有对议会法令的否决权。宪法还对省份进行了重新划分，以取代旧时的外省。老的税种被废除，取而代之的是至今依旧在施行的直接税和间接税。

刚刚改变领土划分并推翻所有旧时的社会组织架构的议会，自以为有足够的能力去改造法国的宗教组织。它声称要让人民来选举教士阶级的成员，这样就使之摆脱他们的最高领袖教皇的影响。

这部教士公民组织法是诸多一直持续到执政府时期的宗教斗争和迫害的根源。有三分之二的教士拒绝宣誓效忠该法。

在制宪议会当政的三年里，大革命的成果颇为丰硕。主要成果或许就是特权阶级的财富开始向第三阶级转移。这在激励人们保护利益的同时，也为新体制博得了诸多热情的拥护者。一场革命立足于满足人们的欲望，并由此而获得巨大的力量。

排挤了贵族的第三等级和购买了国家财产的农民们非常清楚，旧制度的复辟将让他们失去这些利益。竭力保卫大革命也就等于保卫自己刚到手的财富。

这也就是在大革命部分时期内，将近一半的省份起义反抗压迫它们的专制但都失败了的原因。共和党人战胜了一切对手。他们非常强大，他们不仅要捍卫一种新理想，还要捍卫物质的利益。我们看到，这两个因素的影响贯穿了整个大革命时期，并对帝国的建立起到巨大的推动作用。

第二章　立法议会心理

一、立法议会期间的政治事件

在探究立法议会的精神特征之前，先简要总结一下那些发生在立法议会为期一年的短暂执政期间的重大政治事件。这些事件自然也对立法议会的心理表现产生了重大影响。

立法议会不再像之前的制宪议会那样一心想推翻君主制，而是拥护君主政体。国王尽管看起来有点不可靠，但立法议会仍想保留国王。

路易十六如坐针毡，他不停地要求外国势力加以干涉。这位胆怯的君主，被软禁在杜伊勒里宫中，身边仅有自己的瑞士侍卫，他在几股相互对立的势力之间犹豫不决。他向一些报纸提供补贴以便影响舆论。然而这些办报的不明就里的蹩脚记者们完全不懂如何影响公众情绪。他们只会用绞刑来恫吓大革命的拥护者，并扬言会有一支军队前来解救国王。

国王别无依靠只能指望外国王室，贵族们则逃亡国外。普鲁士、奥地利、俄罗斯威胁要入侵法国。王室则为入侵创造有利条件。

在各国反法联盟结成之时，雅各宾俱乐部号召人民团结起来抗击入侵。此时，吉伦特派和雅各宾派站在一起，成了革命运动的领导者。他们号召群众武装起来，60万志愿者随即获得了武器。王室认可了一个由吉伦特派控制的内阁。在这个内阁的操纵下，路易十六不得不向议会提议攻打奥地利。这项决议随即就被表决通过。

对此项决议，国王是言不由衷的。王后向奥地利泄露了法国的战争计划以及内阁会议的机密决议。

　　战争一开始法方便损失惨重。数个纵队受到突袭，溃不成军。巴黎市郊的人们在各俱乐部的鼓动下，确切地说，在确信国王与外国王室相互勾结之后，便发动了起义。六月二十日，起义的领导人雅各宾党人——主要是丹东——派起义者给立法议会送来废黜国王的请愿书。随后，这些人进入杜伊勒里宫，痛骂国王。

　　命运驱使着路易十六走向了不幸。雅各宾党人对王室的威胁激怒了众多省份的民众。人们获悉有一支普鲁士军队已到达洛林地区的边境地带。

　　国王和王后一直对得到外国支援抱有幻想。王后玛丽·安托瓦内特（Marie-Antoinette）① 对奥地利人和法国人的心理更是都寄予了完全不切实际的厚望，看到法国被这些狂热分子所威慑，她认为自己也能以威胁的方式来震慑巴黎人民，让他们臣服于王权的威严。在王后的授意下，费森（Fersen）谋划并公布了布伦瑞克公爵（Brunswick）的宣言②，宣言以"若王室受到波及，就把巴黎掀翻"一类的话来威胁巴黎人民。

　　然而事与愿违，该宣言激起了人民对国王的愤怒，国王被认为是入侵者的同谋，因此，他更加不得民心。从这天起，国王被送上断头台的命运也就注定了。

　　在丹东的安排下，各分区代表在市政厅成立了一个起义公社，逮捕了效忠国王的国民自卫队的指挥官，让其敲钟召集全体自卫队成员，并派遣这些队员在八月十号和平民一起冲向了杜伊勒里宫。路易十六召集起来的军队四下逃窜，保护他的只剩下一些瑞士侍卫和贵族，但

　　① 玛丽·安托瓦内特（1755—1793），奥地利帝国公主，生于维也纳，1770年嫁给路易十六成为法国王后。1792 年 8 月 10 日巴黎人民起义，彻底推翻了君主制。随后，她和国王一起被囚禁在当普尔堡。次年 10 月，被交付给革命法庭审判，判处死刑，送上断头台，享年 38 岁。——译注

　　② 布伦瑞克宣言，也称布伦斯威克宣言，是一份由普奥反法联军总司令卡尔·威廉·斐迪南（布伦瑞克—沃尔芬比特尔）（Charles William Ferdinand）在 1792 年 7 月 25 日致法国革命战争时期巴黎人民的一份公告。该布告威胁如果任何法国王室的成员受到任何伤害，法国平民将因此受到严厉的报复。这项布告的目的是为了恐吓巴黎人民，却反倒加剧了人民的革命热情。——译注

全部被杀死。孤立无助的国王向立法议会寻求庇护。人们要求废黜国王，立法议会宣布终止国王的职权，并让未来的议会——国民公会——来决定他的命运。

二、立法议会的精神特质

以心理学而言，由一批新议员组成的立法议会具有一种特殊的价值。很少有议会能把政治团体的特点展现得淋漓尽致。

立法议会由 750 位议员组成，议员们分为纯粹保王党、立宪保王党、共和派、吉伦特派和山岳派。其中律师和文人占了绝大多数，还有少数的立宪派教士、高级官员、天主教士以及个别学者。

立法议会成员们的哲学观似乎都很幼稚。他们大多深受卢梭思想的影响，主张回归人类的自然状态。他们和其先辈们一样，深受古希腊和古罗马文化的影响，开口便是加图（Caton）①、布鲁图、格拉古（Gracchus）②、普鲁塔克、马克·奥勒留（Mac-Aurèle）③、柏拉图等人，并对其加以效仿。甚至当演说家想要辱骂路易十六时，都会直呼其为"卡里古拉"。

他们是革命的，因为他们期望颠覆传统，但他们又是极端反动的，

---

①　古罗马时期有两位加图，一位是老加图（公元前 234 年－前 149 年）或监察官加图，罗马共和国时期的政治家、国务活动家、演说家，前 195 年的执政官，罗马历史上第一个重要的拉丁语散文作家。小加图（公元前 95 年－前 46 年），他的曾祖父为老加图。小加图是罗马共和国末期的政治家和演说家，是斯多葛学派的追随者。他与恺撒长期不和，他不受贿、诚实、厌恶当时普遍的政治腐败。——译注

②　一般称为格拉古兄弟，是指提比略·格拉古（公元前 168 年－前 133 年）和盖约·格拉古（公元前 154 年－前 121 年）两兄弟，他们是公元前 2 世纪罗马共和国著名的政治家，平民派领袖。他们分别当选公元前 133 年及公元前 123 年、公元前 122 年的保民官，并各自在任期内领导了一场改革。由于改革触犯了保守势力，而先后在保民官任上被杀。——译注

③　马克·奥勒留（公元 121—180 年）著名的"帝王哲学家"，古罗马帝国皇帝，在希腊文学和拉丁文学、修辞、哲学、法律、绘画方面受过很好的教育，晚期斯多葛学派代表人物之一。著有《沉思录》一书。——译注

因为他们要求回到遥远的过去。理论对他们的行为影响甚微，理性二字虽然不断出现在他们的演讲中，却从未被付诸实践。他们一直受情感主义和神秘主义因素所支配，这些因素的力量我们曾一再提及。

立法议会的心理特征与制宪议会的心理特征相同，只是更为明显一些。这些特征被归纳为四个词：敏感、多变、胆怯、脆弱。

多变和敏感体现在他们不断改变的行为中，他们今天可以相互大声辱骂并拳脚相加，第二天却又可以"满含热泪、相互拥抱"。有人发言要求惩罚请愿废黜国王的人，他们便为之热烈鼓掌；同一天有代表团要求废黜国王，他们又出席议会。

在威胁面前，立法议会的胆怯与脆弱一览无遗。尽管立法议会有保王党的倾向，但立法议会还是应巴黎公社的要求，投票同意终止国王的权力并将国王一家拘禁在寺院。

由于立法议会的软弱，它与制宪议会一样，没有行使任何一项权力的能力，只能听任巴黎公社以及由埃贝尔、塔里安（Tallien）、罗西涅尔（Rossignol）、马拉、罗伯斯庇尔等人领导的俱乐部的摆布。

发动起义的巴黎公社控制着国家主要权力并统治着巴黎，似乎冥冥之中有人要求其这么做，这种情形一直持续到 1794 年热月政变为止。

巴黎公社要求将路易十六监禁在寺院的塔楼之中，而立法议会则希望将国王软禁在卢森堡宫。巴黎公社把大批嫌疑犯塞进监狱，并随后将他们杀害。

更令人发指的是，一个 150 人的匪帮，每天佣金 24 里弗，他们在巴黎公社的指使下，在短短四天内杀害了约 1200 人。这就是我们所说的"九月大屠杀"。巴黎市市长佩蒂翁还热情接待并款待了这个杀人团伙。几个吉伦特派成员发出了零星的抗议，而雅各宾派则选择保持沉默。

一开始，受到威胁的立法议会假装不知道这次大屠杀，但几位有影响力的议员，尤其是库通（Couthon）和比约－瓦雷纳（Billaud-Varenne）对这次大屠杀表示了支持。尽管议会最终决定加以谴责，但却没敢设法制止屠杀的继续。

　　深知自己无能为力的立法议会在 15 天后自行解散并让位给国民公会。

　　立法议会的结局明显是灾难性的，这不是指其初衷而是指其行为的结局。保王党抛弃了君主专制，人道主义者纵容了九月大屠杀，和平主义者把法国推向了一场可怕的战争，一切表明，一个软弱的政府带给国家的只有毁灭。

　　前述两个革命议会的历史再次证明，事件之间环环相扣缺一不可。每个事件就是整个传动链中的一环，一个事件的发生有时可以引发意料不到的后果。决定权在我们手上，但结局我们却无法把握。

　　制宪议会最初的举措是理性的、自主的，但随之而来的后果，却让所有的期望、理性以及预言都化为泡影。

　　路易十六之死、旺代战争、大恐怖、持续的杀戮、无政府状态以及在一名军人的铁腕统治下传统与秩序最终得以恢复，上述事件，在 1789 年，有谁能想到或能预见到？

　　在革命议会初期的行为引发的众多事件的发展进程中，最震撼人心的可能是民众政府的诞生和发展。

　　从攻占巴士底狱、强闯凡尔赛宫、九月大屠杀、攻击杜伊勒里宫、杀害瑞士守卫、废黜和囚禁国王等一系列事件中，我们很容易得出民众及其领导者的心理学规律。

　　现在我们看到，民众的力量是越来越强大，其他力量都甘拜下风并被取代。

第三章　国民公会心理

一、国民公会的传奇

国民公会不但为心理学提供了丰富的文献，而且它还表明，一个时代的见证者们，甚至其追随者们，都无法对自己所经历的事件及周围的人做出准确的评价。

大革命已经过去一个多世纪，人们对这个时代方才形成一些稍微精确的评判，尽管依然疑惑重重。

廓清大革命之所以难以实现，不仅是因为从档案中发掘出了新资料，还因为重重迷雾笼罩下的有关血腥年代的传说正随着岁月的流逝而销声匿迹。

深深吸引着我们父辈的昔日英雄们被冠以一个光荣的称谓：国民公会巨擘。他们的传奇最为人津津乐道。

国民公会一手镇压国内的叛乱，一手外御欧洲武装干涉，这让我们产生了这样的印象：这场伟大战争中的英雄们仿佛个个都是泰坦族巨人，而非法国人。

只要这个时期发生的事件依旧是混沌未解，那么巨擘的称谓也就无可厚非。同时发生的事件让人目不暇接，人们把共和国军队的功劳与国民公会的功劳混淆在一起。军队的荣耀让后者相形见绌，博取荣耀成了大恐怖时期大屠杀、残酷的内战以及让法国遭受劫难的缘由。

在现代犀利的、批判的目光的注视下，这个异质的谜团慢慢地被解开了。共和国的军队依然保持着它的荣耀。但是应当承认，那些全身心投入到内讧中的国民议会的议员们，对军队的成功毫无建树。在国民议会的某个委员会之中，最多只有两到三个议员关心军队，军队之所以取得胜利，除了人多势众以及年轻将领们的聪明才智外，还因为有一种新的信仰激发起了军队的热情。

在后面的章节中，我们将专门讲述革命军队，还将指出革命军队战胜欧洲武装干涉的缘由。在自由和平等理念熏陶下的军队，将这些理念当成了新的福音书。他们带着这些理念开赴前线并长期坚持在前线。他们保留了一种特殊的精神，这种精神与起初受到军队忽视而后受到鄙视的政府精神有着天壤之别。

国民公会议员对军队的胜利感到茫然，他们只满足于根据领袖的指令盲目地立法，因为领袖声言要通过断头台让法国得以绝处逢生。

正是由于骁勇善战的军队，才使得国民公会的历史声誉如日中天，如宗教般神圣，让几代人为之膜拜，至今不绝。

但只要仔细琢磨一下国民公会"巨擘们"的心理，他们的神圣形象便会瞬间崩塌。他们都是些极端平庸的人，连为其辩护的热心人如奥拉尔本人都不得不承认这一点。

奥拉尔先生在其著作《法国大革命史》中这样说道：

> 人们曾说过，1789 年至 1799 年的这一代人，完成了如此伟大的或恐怖的创举，不愧是伟大的一代，简而言之，他们是前无古人后无来者的一代人。但这是历史回顾的一种错觉。构成这一代人的公民，他们要么是市民，要么是雅各宾党人，要么便是民族主义分子。大革命便是由他们发起的，但无论从开明程度还是从智力水平来看，他们似乎并不比路易十五或路易·菲利普执政时期的法国人更高一筹。他们之所以能够名垂青史，是因为他们身处巴黎这个大舞台，或因为他们是革命议会中最杰出的演说家，难道他们有过人的禀赋？米拉波在某种程度上而言是当之无愧的天才，但是诸如罗伯斯庇尔、丹东、维尼奥等人，他们真的比现今的演说家们更有智慧吗？在 1793 年，也就是在这个所谓巨擘辈出的时代，罗兰夫人（Roland）在她的回忆录里写道：法兰西就像是一个人才枯竭的国度；令人吃惊的是，纵观大革命，人们几

乎只见一群侏儒，不见伟人。

在对国会议员逐个分析并从整体上加以审视后，人们可以说，从智慧、品行和勇气来看，这些国会议员都称不上是杰出的。从未见过有哪个群体是如此怯懦。他们只在演说中才慷慨激昂，只在针对看不见摸不着的危险时才勇气十足。这个只会在言语上咄咄逼人的国民公会，一旦面对国王，就成了世界上最懦弱、最温顺的政治集团。他们在巴黎公社、在俱乐部的命令前卑躬屈膝，在每天冲击议会的民众代表前瑟瑟发抖，在骚乱者的指示前唯唯诺诺，甚至不惜牺牲自己最杰出的议员。国民公会给世人留下一个令人失望的形象：遵从民众的指令，表决通过荒唐透顶的法律，一旦议会大厅中的骚乱平息，便又将通过的法令加以废止。

很少有哪个议会表现得如此脆弱。人们若要想看看一个政府会颓废到何种程度，只要翻开国民公会的历史便可知晓。

二、雅各宾宗教胜利的影响

在造成国民公会特殊面貌的诸多原因中，最重要的一个原因便是革命几乎成了一种宗教，成了强制性的规定。从中，革命教义也逐步成形并得以最终确立。

这种教义是个大杂烩，其中掺杂有自然、人权、自由、平等，社会契约、对暴君的仇恨以及人民主权，但对它的信徒们而言，这些东西俨然就是不容亵渎的福音书中的一个个章节。

这类新的真理不乏拥护者，他们对这些真理的力量深信不疑。他们和各年代的信教者一样，也试图借助武力来向世人推销他们的真理。对于持不同意见者，只须将其消灭即可。

我们在谈论宗教改革时曾提到，对异教徒的仇恨是那些伟大信仰的一个不可磨灭的特征，这个特征为雅各宾宗教的不宽容性提供了绝好的注解。

这段与宗教改革相一致的历史告诉我们，即便是相似的信仰，它们之间的斗争仍是十分激烈的。因此，在国民公会中，雅各宾派暴打与其信仰稍有不同的共和党人也就不足为奇了。

新使徒们非常卖力地推销着自己的信仰。为了教化外省人，他们不但向外省派出了满腔热情的门徒，还让其随身携带着断头铡，他们就像宗教裁判所的审讯官们一样，对于异教徒的错误绝不姑息，因为罗伯斯庇尔坚信"共和国的建立靠的就是摧毁一切对立面"。国家不愿意被重塑并不要紧，人们可以强行重塑它。卡里耶保证说："如果不能按照我们的想法来重塑法国，那还不如将其埋葬。"

源自新教义的雅各宾派的政治很简单，即主张平均的社会主义，施行专政统治，容不得任何反对的声音。

对于人类的本质和经济的需求，治理法国的理论家们却提不出任何有用的建议。他们只要有断头台和演讲就够了。不过他们的演讲却很幼稚。

泰纳说："演讲中没有事实，只有抽象的概念，只有关于自然、理性、人民、专制君主、自由等一连串的看法，这些看法如同吹足气的气球，在空中做无谓的碰撞。当然，如果没有造成一些实际的而可怕的后果，这些也不过是一种逻辑的游戏、学校的习题、学术的炫耀以及一堆空洞的学说。"

雅各宾派的理论实际上只剩下绝对专制。很显然，在雅各宾党人看来，地位和财富均等的公民们应当无条件地服从主权国家。

他们赋予自己的权力要比之前的君主大得多。他们限定商品的价格，并且冒称拥有剥夺公民们的生命和财产的权力。

他们对革命信仰的重塑功能深信不疑，因此在向国王宣战之后，他们又开始向神明宣战。他们推行新的历法，将圣人的名字从中除去，他们树立起一个新的圣灵：理性。有关理性的庆典在巴黎圣母院举行，庆典仪式与天主教的宗教仪式无异，理性被供奉在"献给圣母玛利亚"的祭坛上。这种仪式一直持续到罗伯斯庇尔以一种个人宗教取而代之为止，罗伯斯庇尔自认为该教的大主教。

雅各宾党人在成为法国唯一的主人之后，便可以与其信徒们肆意洗劫了，尽管他们在任何地方都只是少数派。

我们难以确定他们的具体人数，但知道他们其实人数不多。泰纳估计在七十万的巴黎居民当中，只有五千雅各宾党人，而在三万贝桑松居民当中，约有三千雅各宾党人。而整个法国则有三十万雅各宾党人。

对此，泰纳解释说："一小群封建强盗盘踞在被征服了的法国"，尽管他们的人数有限，却有实力支配着法国。这首先是因为他们的信仰赋予他们以惊人的力量；其次是因为他们代表着政府，且几个世纪以来，法国人已经养成了服从命令的习惯；最后是因为人们认为若推翻他们，将会导致旧制度的复辟，这让许多拥有国家财产的人感到害怕。只有当其专制变得可怖时，才会有众多省份揭竿而起。

上述雅各宾党人的权力动因中的第一个动因十分重要，在强势信仰与弱势信仰的争斗中，成功永远属于前者。强势信仰会激发出强烈的意志，并一举盖过了薄弱的意志。雅各宾派之所以以失败而告终，是因为他们的累累暴行迫使成千上万的薄弱意志团结在一起，并从整体上实现了反超并战胜了强烈意志。

被雅各宾派残酷迫害的吉伦特派，诚然也有着坚定的信仰。但在吉伦特派发起的斗争中，他们反受他们所受教育的拖累，他们对某些传统、对人权的尊重，并没有给他们的对手造成任何麻烦。

埃米尔·奥利维耶写道："吉伦特派的大部分人情感细腻而宽厚；而雅各宾派则是下流、粗俗而残忍。维尼奥的声名与'神明的'马拉相比，简直是一个天一个地！"

但凭借超凡的智慧和口才征服了国会的吉伦特派，很快便又败在了思考少、行动多并且知道如何激发下层群众热情的山岳派狂热分子的手下。国民公会给人的印象是暴力而不是智慧。

三、国民公会的精神特点

每一个议会除了具备一般议会都有的普遍特征外，还会因社会和环境的影响而形成各自特殊的面貌。制宪议会和立法议会所具备的特点，大多可以在国民公会中看到。

国民公会由大约 750 名议员组成，其中有超过三分之一的议员曾在制宪议会和立法议会中履过职。雅各宾派通过威胁选民的方式赢得了选举，而大部分选民（800 万中有 700 万）都选择了弃权。

由于职业的缘故，国民公会汇集了大量的法律人才，如律师、公证人、庶务人员、退休的官员，还有一些文人。

国民公会的精神并不是统一的，这意味着一个由诸多不同特质的个人组成的议会很容易分裂成为不同的小团体。国会很快就分成了三个群体：吉伦特派、山岳派和平原派，而君主立宪派已基本消失了。

吉伦特派和山岳派是两个极端派别，每个派都有 100 多个成员，并先后成为领袖派。山岳派中不乏一些最激进的成员，如库通、埃罗·德·塞舌尔（Hérault de Séchelles）、丹东、卡米尔·德穆兰(Camille Desmoulins)①、马拉、科洛·德布瓦（Collot d'Herbois）、比约－瓦雷纳、巴拉斯（Barras）、圣茹斯特、富歇（Fouché）、塔里安（Tallien）、卡里耶、罗伯斯庇尔等人，吉伦特派则包括布里索(Brissot)、佩蒂昂（Pétion）、孔多塞、维尼奥（Vergniaud）等人。

而国民公会中剩下的 500 多人，也就是最大的一部分，组成了所谓平原派。

平原派人数众多，但他们随大流、没主见、优柔寡断、胆小怕事。他们凭性子办事，并且容易被转瞬即逝的激情所感染。他们听命于前两个派别中较有力的一方。在对吉伦特派唯命是从之后，又开始对获胜的山岳派俯首帖耳。这就是我们之前表述过的"弱者总是会服从强者的意志"这一法则的必然结果。

在国民公会整个的存续期间，这些伟大的操纵者们显示出了极大的影响力。国民公会一直被一群思想狭隘的暴力的少数派所把持着，因为强烈的信念给这些少数派带来了巨大的力量。

一个残忍蛮横的少数党往往能带领胆小的且犹豫不决的多数党，这也是所有的革命议会都注定会走向极端的原因。国民公会的历史再一次证实了在另一个章节里探究过的加速度规律。

---

① 卡米尔·德穆兰（1760 年－1794）是一位法国记者、政治家，在法国大革命期间扮演重要角色，并最终被送上断头台。——译注

因此，国民公会的成员们必然会从中庸一步步地走向暴力，并最终发展成为相互残杀。在最先控制国民公会的180位吉伦特派人士中，有140位被杀或者是逃亡，最终，最狂热的恐怖分子罗伯斯庇尔仅一人便控制住了那些温顺而胆小的议员。

在平原派的500名代表当中，虽然大部分人缺乏主见，惯于见风使舵，但其中也不乏一些有识之士。承担国民公会实用工作的技术委员会便从中招募到不少人才。

平原派的代表对政治相当漠然，他们也要求别人不要关注他们。他们的全部心思放在委员会上，几乎不去议会，这也是国民公会的会议通常只有近三分之一的议员们出席的原因。

不幸的是，长此以往，这些聪明、诚实的人几乎完全丧失了个性，他们在恐惧的支配下，不得不投票支持暴戾的主子们提出的最糟糕的动议。

平原派投票赞同别人要求他们赞同的一切：设立革命法庭、实行大恐怖等。也正是在他们的支持下，山岳派才得以打败吉伦特派，罗伯斯庇尔才得以清洗埃贝尔派和丹东派。弱者跟随强者，平原派也一样。平原派的那些温和的慈善家们，虽是议会的多数派，但由于他们的懦弱，导致国民公会做出大量恐怖的暴行。

在国民公会中有一个突出的心理学特征，这就是极度的恐惧。正是因为恐惧，他们才自相残杀，以求得一线希望来保全自己。

这样的恐惧其实很容易理解，这群可怜的人坐在议员席上，在一片嘲笑和喊叫声中议事。由于随时都会有带着长矛的粗鄙之徒闯进议会，所以大部分的议会成员都不敢再参加会议。即便偶尔来参会，也是一言不发，并根据人数只有他们三分之一的山岳派的要求去投票。

支配着平原派的这种恐惧，虽然不太明显，但却十分地深。他们清除异己，不仅是因为狭隘和狂热，还因为坚信自己的生存受到威胁。就连革命法庭的法官们也在瑟瑟发抖，他们想要无罪释放丹东、卡米尔·德穆兰的遗孀以及其他一些人，但他们却不敢这样做。

在罗伯斯庇尔成为唯一的主宰后，弥漫在议会中的恐惧感有增无减。有人说罗伯斯庇尔的一个眼神就足以让其同僚因恐惧而消瘦下去，这个说法不无道理。在他们的脸上可以看到"因畏惧而苍白或因绝望而自暴自弃"。

所有的人都害怕罗伯斯庇尔，而罗伯斯庇尔也害怕所有的人。因为害怕别人谋反，他砍掉了别人的脑袋，而同样也因为恐惧，别人默许了他这样的行为。

国民公会议员们在其回忆录中对这段可怕而黑暗的时期做了详细回顾。泰勒说，巴雷尔（Barrère）在沉寂了二十年之后，对救国委员会①的真正目的及其内在的出发点做出这样的回答："我们只有一个念头，这便是自我保护，我们只有一个愿望，这便是要生存，因为我们人人自危。人们把他人送上断头台上，只是为了自己不被他人送上断头台。"

若要探讨领袖的作用以及恐惧对议会的作用，那么，国民公会的历史无疑是最具震撼力的例子之一。

---

①　救国委员会，指的是法国大革命雅各宾派专政时期的最高领导机构。1793 年 4 月 6 日由国民公会创立。——译注

第四章　国民公会政府

一、国民公会期间的巴黎公社及俱乐部的作用

在国民公会整个存续期间，国民公会一直由俱乐部和巴黎公社的领袖们领导。

我们已经指出它们对之前的议会的影响力。在国民公会期间，它们的影响力达到如日中天的程度。国民公会的历史其实就是支配它的俱乐部和巴黎公社的历史。它们不仅控制着国民公会还控制着法国。众多外省的小俱乐部，在首都俱乐部的领导下监督行政官员、检举可疑分子并执行一切革命命令。

一旦俱乐部和巴黎公社决定采取某些措施，它们便要求议会立即付诸表决通过。如果议会抵制，它们便向议会派遣它们的代表团，也即派出它们从社会最底层挑选出来的武装团伙。这些团伙传达的命令总是能得到遵从。巴黎公社如此强势，以至于它可以要求国民公会立即赶走它不喜欢的代表。

国民公会的成员一般都受过教育，而巴黎公社以及俱乐部的大部分成员都是小店主、小工、工人，他们没有个人的观点，他们只听从他们的领袖如丹东、卡米尔·德穆兰、罗伯斯庇尔等人的指挥。

在俱乐部和巴黎公社起义者这两股势力中，巴黎公社在巴黎尤为活跃，因为它组建了一支革命军。下设的 48 个国民自卫队委员会全部由巴黎公社指挥，巴黎公社指挥它们去杀人、屠杀，特别是洗劫。

国民公会在巴黎的行动比较过火。例如，它委派一个叫作夏朗冬（Chalandon）的鞋匠负责对巴黎的某个区域进行监控，即他有权将所

有他怀疑的人送交革命法庭，也即意味着可以将人送上断头台。某些路段的人口因为他而锐减。

国民公会起初还与巴黎公社做了点抗争，但这种抵抗并未持续多久。冲突的高潮出现在国民公会打算逮捕巴黎公社的首脑人物埃贝尔时。巴黎公社于是派出武装团伙前往国民公会进行威胁，要求其驱逐提出此项动议的吉伦特派代表。遭到拒绝后，巴黎公社于 1793 年 6 月 2 日根据昂里约（Hanriot）的命令派兵包围了国民公会。受到恫吓的议会于是开除了 27 名议员。可笑的是，巴黎公社旋即便派遣一个代表团对公会的顺从表示祝贺。

在吉伦特派倒台之后，国民公会完全倒向了巴黎公社，对其唯命是从，巴黎公社也变得无所不能。巴黎公社甚至还要求议会在同意设立法庭和断头台之后，再下令招募一支革命军队，以负责在全法国范围内逮捕、处决嫌疑犯。

到了国民公会末期，在罗伯斯庇尔倒台之后，国民公会才得以从巴黎公社以及雅各宾派俱乐部的桎梏下解放出来。国民公会取缔了巴黎公社以及俱乐部，并处决了其中的一些首要分子。

尽管采取了惩戒措施，但其领导者仍然继续召集下层民众，并且煽动他们去攻击国民公会。在芽月和牧月①，国民公会受到了围攻，这些武装代表团甚至还要求投票重建巴黎公社并召开新一届的议会，并最终如愿以偿。在起义者撤离后，国民公会则赶紧废除了这些措施。羞愤交加的国民公会召集军队解除了市郊的武装，逮捕了将近一万人。起义军中的 26 个头目被处死，参与起义的 6 个议员也被送上了断头台。

但是，国民公会的反抗意志依旧是昙花一现，它在脱离了俱乐部和巴黎公社的操控之后，又对救国委员会唯命是从，后者的指令不经讨论即可由国民公会投票通过。

威廉斯（H. Williams）写道："国民公会完全可以把任何一位欧洲君主或国王五花大绑地押送至自己面前，但它自己却被一小撮唯利

---

① 指法国共和三年的芽月起义（1795 年 4 月 1 日）和牧月起义（1795 年 5 月 20 日）。——译注

是图者囚禁在自己的议事厅中。"

二、国民公会期间的法国政府：恐怖时代

1792 年 9 月，国民公会一召开便立即颁布法令废除君主制，宣布成立共和政体，尽管此时大部分议员仍犹豫不决，因为外省还都是保王党分子的天下。

国民公会深信这样做可以让法兰西走向文明。国民公会创立了新的纪元和历法，新纪元的元年标志着理性统治世界的开始。应巴黎公社的要求，新纪元的元年在对路易十六的审判中拉开帷幕，不过大部分国民公会议员并不情愿这样做。

实际上，一开始控制国民公会的是相对温和的吉伦特派。公会主席和秘书都是从最知名的吉伦特派人物中选出来的。而后来成为国民公会绝对主宰的罗伯斯庇尔此时还只是个微不足道的小人物，他在主席选举中只获得了 6 票，而佩蒂昂却获得了 235 票。

山岳派起初的势力极小，他们只是后来才掌权的，而此时，温和派在国民公会中已没有了任何席位。

尽管山岳派只是少数党，但他们仍找到了办法迫使议会对路易十六提起审判。这次审判既是山岳派对吉伦特派的一大胜利，也是对所有国王的一次判决，更意味着与旧制度的彻底决裂。

为了促成这次审判，山岳派采用的手段可谓老道异常，如鼓动外省向国民公会递交审判路易十六的请愿书，让起义的巴黎公社向议会派出代表团以提请审判路易十六等。

和其他胆小怕事、言不由衷的革命议会一样，国民公会并不敢反抗，它同意了这场审判。

私下里本不希望处死国王的吉伦特派，一旦开会表决，却由于恐惧而投了赞成票，为了保住自己的脑袋，路易十六的堂兄奥尔良公爵也投了赞成票。1793 年 1 月 21 号路易十六被送上了断头台。如果路易十六拥有预见未来的能力，他将会看到，抛弃了他的懦弱的吉伦特派成员，大多步其后尘一个接一个走上了不归路。

　　仅从纯功利的角度来看，处死国王是大革命的一个败笔，它引爆了内战并促使欧洲对法兰西进行武装干涉，而国王之死在国民公会内部也引起了内讧，并以山岳派胜利、吉伦特派遭清洗而告终。

　　山岳派主张采取的措施变得越发专制，导致包括西部和南部在内的 60 个省份发生暴乱。如果不是保王党人参与其中而让人害怕旧制复辟的话，这场由被放逐的国民公会议员领头的起义说不定就会成功。实际也是如此，如在土伦，起义者便已经在高呼路易十六的名字了。

　　在大革命的大部分时间里，这场猛烈的国内战争一直持续不断，十分残酷。老人、妇女、儿童都未能幸免。村庄和粮食被付之一炬，据估计，仅在旺代地区被杀的人数就有五十万到一百万人。

　　国内战争未了，国际战争又来。为了解决这内忧外患的局面，雅各宾派打算制定一部新宪法。在法国，所有的革命议会都有这么一个传统信仰：规范的力量是无所不能的。这种言辞上的信念从未因实践的失败而发生过动摇。

　　对大革命大加赞赏的朗博先生写道："一种强有力的信仰支撑着国民公会不辞辛苦地进行立法，因为它坚信，只要将大革命的原则变成法律，它的敌人就会迷茫甚而会归顺自己，而正义的到来会促使起义者缴械投降。"

　　国民公会在执政期间拟定了两部宪法，一部是 1793 年宪法或称元年宪法，一部是 1795 年宪法，即共和三年宪法。第一部宪法并未付诸实施，因为一个绝对的独裁统治很快便取而代之，而第二部则是由督政府制定的。

　　国民公会中有大量的法学家和商界人士，他们很快就意识到政府职能不是一个人员冗杂的议会能够行使的，于是他们将国民公会分成一些小的独立委员会，如商业委员会、法律委员会、财政委员会、农业委员会、艺术委员会等。这些委员会向议会所递交的法案，议会常常看也不看就投票通过了。

　　多亏了他们，国民公会的工作才不至于完全是破坏性的。他们提出了一些非常有效的法案：创办重点大学，确立统一度量公制等。正如我们说的那样，大部分的议会议员躲进各个委员会，为的是避免卷入政治斗争从而保住脑袋。

与政治无关的商业委员会，隶属救国委员会，该委员会成立于1793年4月，有九名成员。救国委员会起初由丹东领导，同年七月改由罗伯斯庇尔领导，随后罗伯斯庇尔逐步把持了所有权力，包括对部长和将军发号施令的权力。卡尔诺掌握了军权，康蓬（Cambon）把持了财权，圣茹斯特和科洛·德布瓦负责日常政务。

技术委员会投票通过的法律通常都是有相当的水准，这为国民公会持久的事业奠定了根基，而在闯入议会的代表团的威胁下投票通过的法案则常常是荒唐可笑的。

这些可笑的法案基本与公众利益或国民公会自身利益无关，如1793年9月投票通过的最高限价法令就是这样一个最没意义的法案。该法令要求固定日用品的物价，而这样做除了造成持续的物资短缺以外，并没有其他。诸如此类的还有对圣德尼皇家墓地的破坏，对王后的审判，有组织地纵火焚烧旺代地区，建立革命法庭，等等。

大恐怖是国民公会政府进行统治的重要手段，大恐怖开始于1793年9月，在法国肆虐了10个月，直到罗伯斯庇尔死为止，尽管有些雅各宾党人如丹东、卡米尔·德穆兰、埃罗·德·塞舌尔等人曾提议施行宽大政策，但这项提议的唯一的结果就是导致这些提议者被送上了断头台。最终是公众的厌倦终结了这项可耻的制度。

持续不断的党派斗争以及越来越极端的做法，让国民公会中诸多显赫一时的人物都相继陨落了，国民公会最终完全落入罗伯斯庇尔之手。

在国民公会糟蹋、蹂躏法兰西之时，法国军队却取得了卓越的战功，它们攻占了莱茵河左岸、比利时和荷兰，《巴塞尔条约》承认了这些占领。

我们已经说过，必须把国民公会的成就与革命军队的成就完全区分开来，我们稍后还要谈到这点。那个时代的人非常清楚这二者间的差别，但如今的人却忽略了。

1795年10月26日，国民公会在统治了三年后终被解散，此时的公会早已声名狼藉。被大众玩弄于股掌之上的国民公会，不但没有为法兰西带来和平，反而将其置于无政府的深渊中。瑞典驻法使馆商务专员德林克曼（Drinckmann）男爵在 1799 年 7 月的一封信里对国民公会做了精辟的总结：

> 恕我直言，我不希望再有哪个民族像法国那样，在开辟了崭新的自由之路后，却被一群低能而残忍的恶霸所统治。

三、国民公会的结束：督政府时代的开始

国民公会一直对规则的力量深信不疑，在其行将就木之际，它制定了一部宪法，这就是共和国三年宪法，以取代从未付诸实施的 1793 年宪法。新宪法规定，立法权交由一个 250 人组成的元老院和一个 500 人组成的 500 人院共同行使，行政权交由五名执政官组成的督政府行使，这五人由 500 人院提名，元老院任命，且每年选举更换其中一名。

新宪法还特别规定，新一届议会中三分之二的议员应当从前国民公会议员中选举产生。然而这项谨慎的措施并没有起到什么作用，因为只有十个省份对雅各宾派是忠诚的。

为了避免保王党当选，国民公会决定流亡者永远不得入境。

这部宪法的公布并没有在公众中产生预期的效果，对于弹压此起彼伏的人民起义更是无济于事。最重要的一场起义发生在 1795 年 10 月 5 日，起义军领导向国民公会派出了一支正规军，这直接威胁到了国民公会。面对这样的挑衅，国民公会最终决定进行防卫，它召集了军队，并把军事指挥权交给巴拉斯。

刚刚崭露头角的波拿巴负责这场镇压。在波拿巴的指挥下，镇压进行得迅速有力。在圣洛克（Saint-Roch）教堂旁边，在一通猛烈的扫射之后，起义者四下逃窜，现场留下了几百具尸体。此番坚决的军事行动，让国民公会很不习惯，不仅因为行动进行得干净利落，还因为就在此次军事行动进行的同时，起义者业已派代表前往议会，而国民公会也像往常一样，对其俯首帖耳。

镇压这场暴动成了国民公会的谢幕之举。1795 年 10 月 26 日，它宣告了自己使命的终结，并让位于督政府。

我们已经强调了国民公会政府带来的某些心理学上的教训，其中最重要的一点就是暴力并不能长久支配人的灵魂。

从来没有哪个政府使用如此可怖的手段，尽管有血流不断的断头台，有派往外省的特派员和刽子手，有严刑峻法，但国民公会仍不得不无休止地与骚动、起义、阴谋做斗争。尽管成千上万的头颅落地，但各城市、各省份以及巴黎市郊的暴动仍是此起彼伏。

自以为至高无上的国民公会一直在与某些无形的力量做斗争，这种力量驻扎在人们的灵魂中，它不为物质所动。国民公会根本不懂这些无形的动因的力量，还徒劳地与其对抗。最终还是以无形的力量获胜而告终。

第五章　革命暴行

一、革命暴行的心理原因

我们已经在之前的章节里指出，革命理论俨然成了一种新的信仰。

本着人道主义与感性主义，革命理论对自由和博爱推崇备至。但人们注意到，革命理论与其他宗教一样，也存在着教义与行动截然相反的矛盾，在实践中，自由得不到任何宽恕，博爱变成了屠杀。

原则与行为的反差源于一切信仰的不宽容性。一种宗教或许以人道主义以及自制精神为追求，但其信徒们却总想以武力将其强加于他人，暴力由此变得不可避免。

大革命中的暴行是传播新教义过程中的必然结果。宗教裁判所、宗教战争、圣巴托罗缪之夜大屠杀、《南特敕令》的废除、龙骑兵对新教教徒的迫害、对冉森教徒的虐待等事件，与大恐怖时代如出一辙，它们有着同样的心理根源。

路易十四其实并不是一个暴君，但在自己信仰的蛊惑下，决定驱除法国几十万新教教徒，其中部分被射杀，大批新教徒被送去做苦役。

信徒这么做绝不是因为他们害怕异教徒。路易十四时期的新教徒和冉森教徒并非什么危险分子。不宽容性主要出自于一种精神上的强烈愤慨，即一个掌握不容置疑的真理的人对一个否认该真理的人也即信仰邪恶的人的愤懑。当一个人拥有足够的力量去消除错误时，又怎能容忍错误的存在呢？

各个时代的信徒们都是这样的想法，路易十四和大恐怖时代的人们也是如此，他们坚信自己掌握的真理是确切无疑的真理，并且认为这种真理的普及会让人类得以重生，因此，他们对待对手又怎能比教会及国王对待异教徒更为宽容呢？

需要承认的是，所有的信徒都深信恐怖手段是必须且有效的，宗教法则自有史以来一直都是以恐怖为基础。为了让他人遵守规则，便以布满刑具的永恒的炼狱来恐吓、威胁他人。

雅各宾派信徒们的行事方式与其前辈们如出一辙。相似的事件一再上演，类似的行为也会一再发生。一种新的信仰，比如，社会主义或其他什么，如在未来取得了胜利，它也会采取与宗教裁判所和大恐怖时代同样的传播手段。

若仅把雅各宾派的大恐怖理解成为一次宗教运动的结果，这是不全面的。我们注意到，在宗教改革运动中，总有大量与该宗教无关的个人利益依附在一个获得胜利的宗教信仰的周围。操纵大恐怖的只有几个狂热的信徒，但在其周围，除了几个一心想要改变世界的热情的皈依者之外，大多数人只是为了自己从中获利。一旦有谁获胜，他们便一窝蜂地追随获胜者，目的是参与分享掠来的成果。

A. 索雷尔（Albert Sorel）写道："大革命时期的暴徒们认为只有采用恐怖手段方可保持他们的权力，且别无他法。他们这样做是为了自保，而事后却说这样做的动机是为了拯救国家。恐怖在成为一项统治制度之前，只是一种统治方式，而将恐怖制度化就是为了将恐怖合法化。"

埃米尔·奥利维耶在关于大革命的书中对大恐怖做了如下的定义："大恐怖其实就是一场'扎克雷'农民起义，一场合法的掠夺，是任何匪帮都自叹弗如的史上最大的盗窃。"对此定义，我们完全表示认同。

二、革命法庭

革命法庭是恐怖行动的主要执行机构。不仅在巴黎，在整个法国到处遍布着革命法庭，然而仅在一年之后，革命法庭就将它的创立者丹东送上了断头台。

泰纳写道："一共有 178 个革命法庭，其中 40 个是巡回法庭，可以随时随地宣判死刑，且当场执行。1793 年 4 月 16 日至共和国二年热月 9 日期间，巴黎的革命法庭一共处决了 2625 个人。而外省的法官们和巴黎的法官们一样忙碌，仅在奥朗日（Orange）这座小城，就有331 人被处死。在阿拉斯市（Arras），有 299 个男子和 93 个妇女被处死……在里昂，革命委员会批准了 1684 宗死刑判决……据估计，共约17 000 人被处死，其中 1200 人为妇女以及一些 80 岁以上的老人。"

虽然经巴黎革命法庭处决的确切人数为 2625 个，但不要忘了，还有不计其数的嫌疑犯在 9 月份就被草率屠杀了。

巴黎革命法庭只是救国委员会的一个工具。事实上，革命法庭正如富基耶－坦维尔（Fouquier-Tinville）① 在诉讼中评判的那样"只是执行命令而已"。一开始，革命法庭还会走一些正常的程序如审问、辩护、传证，但最后这些程序都被取消了。只凭道德证据也即纯粹的猜疑就足以给嫌犯定罪。审判长通常只要问被告一个笼统的问题即可。为了提高效率，坦维尔甚至还提议把铡刀搬到法庭中来。

因党派仇恨而被捕的被告人被革命法庭不分青红皂白地送上了断头台。革命法庭很快也落入罗伯斯庇尔的手中，成了他血腥专制的统治工具。当革命法庭的建立者之一丹东成为革命法庭的牺牲品走上断头台时，他才开始向上帝和人们祈求，请其原谅自己创造了这样的东西。

在革命法庭面前，任何人都得不到宽恕，智慧如拉瓦锡，温和如德穆兰，高尚如马勒舍布，也都在劫难逃。本雅明·贡斯当（Benjamin Constant）惋惜道："如此多的天才，却成了一群最卑鄙、最愚蠢的人的牺牲品。"

雅各宾派建立和控制革命法庭的宗教心理是革命法庭累累罪行的根源。革命法庭在精神和目的上都不比宗教裁判所逊色。借革命法庭大肆杀戮的人如罗伯斯庇尔、圣茹斯特、库通等，都自认为是救世主，因为他们在清除那些妨碍世界重获新生的、对信仰不忠的敌人。

恐怖时代的处决对象并不仅仅是贵族阶级和神职人员，还有将近

---

① 富基耶—坦维尔（1746—1795），18 世纪末法国资产阶级革命的活动家，1793 年任革命法庭的公诉人。——译注

4000 名农民和 3000 工人被处决。

如今目睹一场死刑的执行，我们都心有戚戚焉，而同时处死如此多的人，对情感的震动可想而知。不过，那时的人们对此已经习以为常，见怪不怪了，母亲带着孩子去看行刑，就像带着孩子看木偶戏一样。

在那个时代，司空见惯的杀头场景让人对死亡变得麻木不仁，在断头台上，人人都镇定自若，吉伦特党人在登断头台时还高唱着马赛曲。

对于法律和习惯的屈从让人的情感迅即变得迟钝，保王党人每天都在发动起义，断头台已经不再让人害怕。一切照常进行，仿佛大恐怖已吓不倒任何人。大恐怖只有准备实施而未实施时，它才是一种有效的心理手段，真正的恐怖在于震慑而非实施。

三、恐怖时代的外省

革命法庭在外省实施的极刑只是大恐怖时期大屠杀中的一部分。革命军队是由流浪汉和土匪组成的。他们在整个法国掠夺和屠杀，泰纳对他们的行为作了记述。

"在贝督因（Bédouin），一个有着 2000 人口的城市，一些陌生人砍倒了自由之树，433 所房屋被毁坏或烧毁。16 个人被砍头，47 个被射杀。其他居民被全部驱逐，为了活命，他们在山里流浪，靠在地上挖洞来遮风挡雨。"

被送上革命法庭的可怜人的命运也好不到哪里去。公正审判的假象很快被揭穿。在南特，卡里耶根据他的臆想便淹死、枪毙、射杀了将近 5000 人，其中有男人、女人，还有孩子。

在热月政变之后，这些屠杀的细节刊载于《箴言报》（Moniteur）上，我摘录部分如下：

> 托马斯（Thomas）说："在诺瓦木提埃（Noirmoutier）被攻占之后，我看见很多男人、女人、老人被活活烧死……妇女、十四五岁的女孩子遭强奸后被杀，幼小的孩子被刺刀挑起后扔到地上，而孩子的母亲就在一旁。"（1794 年 12 月 21 日《箴言报》报道）

在同一天的报纸上，我们还看到了一位叫作朱利安（Julien）先生的证词，讲述卡里耶是如何逼迫受害者们挖坑将自己活埋的。在1794年10月15日的《箴言报》上有梅兰·德·蒂翁维尔（Merlin de Thionville）的一篇报道，该报道称"命运号"船长接到命令，要求其将41个受害者带至海中淹死。"在这些受害者中有一个78岁的失明老人，12个女人，12个女孩，15个儿童，其中有10个人在6到10岁之间，5个还在吃奶。"

在对卡里耶的宣判中（1794年12月30日《箴言报》报道），他被指控"曾下令淹死和射杀妇女和儿童，并且要求阿克苏（Haxo）将军杀光旺代所有的居民，烧毁他们的住处"。

像所有的刽子手一样，卡里耶从虐待受害者中得到了极大的满足。他说："在外省追杀牧师时，每每看到他们临死前的扭曲面容，我就会乐开了花，我从来没有这样开怀大笑过。"

审判卡里耶是为了给热月政变者们一个交代。发生在南特的大屠杀一幕在其他城市中一再上演，富歇在里昂处死了2000人，而土伦也有大量的人被杀，该市人口在几个月内便从29 000锐减至7000。

应该要为卡里耶、弗雷隆（Fréron）、富歇等所有这些可怖的家伙说句公道话：他们是在救国委员会不断的怂恿下这么做的。卡里耶在对他的审判中道破了天机：

> 我承认，每天要射杀150个到200个嫌犯，但这是委员会的命令。我曾告知国民公会击毙了上百个恶棍，国民公会对此表示赞许并要求将此事写入公报。如今严词责罚我的议员们，他们当时在做些什么呢？他们在鼓掌叫好。他们为何让我继续执行任务呢？在他们眼中，当时我是祖国的救星，但如今却成了一个嗜血之人。(1794年12月24日《箴言报》报道)

不幸的是，就在他向人们道出实情时，卡里耶并不知道国民公会被掌控在七八个人手中，而处在惊惧中的国民公会对这几个人更是言听计从。面对卡里耶的辩白，人们无言以对。他肯定是要被杀头的，但是整个国民公会也应当陪着他一起杀头，因为它同意了卡里耶的暴行。

卡里耶的辩白在救国委员会的信件中得到了证实，执行任务的代表们的确是在不断的怂恿下行事的。卡里耶一事表明，大恐怖时期的暴行是一种机制的综合产物，而绝非像某些人声称的那样，仅是个人自发的行为。

在大恐怖时代，人们并不满足于对人的毁灭，人们还要摧毁物质。真正的信徒历来都是无视传统的人，一旦大权力在握，便会全力以赴去消灭自己信仰的敌人，摧毁让人忆起旧信仰的画像、庙宇、象征物。

我们知道狄奥多西（Théodose）皇帝在皈依基督教之后做的第一件事就是拆毁了矗立在尼罗河畔6000年的大部分寺庙。因此，当我们看到大革命的领袖们把气撒在历史遗迹和艺术作品上也就不足为奇了，因为对他们来讲，这些都是可恶的过去的遗腹子。

雕像、手稿、彩绘玻璃窗以及金银器都被砸得稀巴烂。在富歇这位未来拿破仑时代的奥特朗托（Otrante）公爵、路易十八时代的阁员，作为国民公会的特派员被派往涅夫勒（Nievre）之后，便下令拆毁城堡的塔楼以及教堂的钟楼，因为他们"有损平等"。

在大革命对文物的破坏行动中，连坟墓也不能幸免。在巴雷尔向国民公会递交了一份报告之后，气势恢宏的圣德尼皇家墓室，其中包括亨利二世令人叹为观止的陵墓，随即便被日耳曼·皮隆（Germain Pilon）完全捣毁，棺椁被掏空，蒂雷纳（Turenne）[①] 的尸体被送到博物馆展览以满足人们的好奇心，牙齿被看守拔出来卖掉。亨利四世的髭须被拔光。

目睹这些有识之士竟然也赞同毁坏法国的文化遗产，人们无不痛心疾首。但也不能苛求他们，我们应当记住，强烈的信仰是这万恶之源，连国民公会也由于不堪忍受日日不断的袭扰而不得屈服于大众的意志。

有关破坏的凄惨记述，不仅表现了盲信的力量，同时也表现了摆脱了社会束缚的人将会变成什么样子以及国家在他们手中会变成什么样子。

---

① 蒂雷纳（1611—1675），又译为杜伦尼，法国波旁王朝时期的著名元帅。——译注

第六章　大革命时期的军队

一、革命议会和军队

如果不做全面的了解，那么革命议会尤其是国民议会只会给人留下软弱、暴力、内讧不断这么一个极为灰暗的印象。

但是，即使在它们的敌人看来，这个血腥的时期也还有一种不容置疑的威望，这种威望是军事上的成功为其带来的。事实上，在国民公会解散时，法国已将比利时纳入自己的版图，并将疆域扩展至莱茵河左岸。

如把国民公会看作一个集体，那么将法国军队的胜利归功于这个集体是公允的。如把这个集体加以分解并逐一研究其中的组成要素，那么各要素的独立性就显而易见了。人们注意到，在军事行动中，实际上国民公会的作用不大。前线的军队和巴黎的革命议会，二者是两个不同的世界，它们彼此间相互影响极少，且思维差距甚大。

我们看到的国民公会是一个弱势的政府，它在公众的推动下，朝令夕改，是一个十足的无政府主义典型。它什么也领导不了，反倒总是被人使唤，它怎么能够指挥军队呢？

由于深陷内部争端之中，无暇他顾，于是议会将所有的军事问题都交给了一个由卡尔诺一手掌控的特殊的委员会，而这个委员会真正的任务是负责供应食物和弹药。卡尔诺的功绩不仅在于他指挥 752 000 人的法国军队驻守有战略意义的要点，还在于他安排将军发动进攻并严肃军纪。

国民公会参与国防的唯一举动便是颁布征兵令。当然，大敌当前，任何一个政府都得这么做。除此之外，有一段时间议会还向军队派遣代表，以负责处决某些将军，但是议会很快便放弃了这种做法。

事实上，议会参与国防的力度一直都非常小。幸亏军队人数多、热情高以及年轻将领灵活的战术，军队才得以成功地独自应对一切事情。军队在没有国民公会参与且完全独立于国民公会之外的情况下取得了胜利。

二、欧洲对大革命的镇压

在列举决定革命军队成败的心理因素之前，先来简短回顾一下欧洲镇压法国大革命战争的来龙去脉。

在大革命之初，国外的君主们是抱着一种幸灾乐祸的心态来看待处在焦头烂额中的法国君主制，因为法国一直被他们视为强大的对手。普鲁士国王认为受到严重削弱的法国会影响到自己的利益，因此，他建议奥地利国王帮助路易十六，条件是以佛兰德（Flandre）和阿尔萨斯作为补偿。1792 年 2 月，这两位君主签订了一项反法联盟条约。在吉伦特派的影响下，法国先发制人对奥地利宣战。

法国军队开局不利，多次战败。反法盟军一直推进到香槟省，此地距巴黎不过 200 公里之遥。在迪穆里埃（Dumouriez）将军的带领下，法军取得了瓦尔米（Valmy）战役的胜利，并迫使盟军撤退。

虽然在这场战役中只有 300 名法国士兵和 200 名普鲁士士兵阵亡，但这场战役的意义却十分重大。年轻的革命军队成功地迫使一支所向披靡的军队后撤，这为革命军队挣得了勇猛的好名声，在接下来的几周内，他们四处出击。参加瓦尔米战役的法国士兵们将奥地利人赶出比利时，在那里，法国士兵们还被当成解放者受到了热烈的欢迎。

在国民公会统治期间，战争的规模巨大。1793 年年初，议会宣布将比利时并入法国，结果爆发了一场与英国长达 20 年的战争。

1793 年 4 月，英国、普鲁士、奥地利的代表们齐聚安特卫普，并就肢解法国达成协议。普鲁士人想得到阿尔萨斯和洛林，奥地利人要占领佛兰德和阿图瓦，英国人想吞并敦刻尔克。奥地利大使建议用

"消灭整个法国领导层"的恐怖手段来粉碎大革命。面对这类的申明，法国要么战而胜之，要么坐以待毙。

为了对抗1793～1797年期间的第一次反法联盟，法国不得不四面作战，战线从比利牛斯山脉一直延伸到北部地区。

开始，法国失去了一些占领地，遭受了几次失利。西班牙人占领了佩皮尼昂（Perpignan）和巴约讷（Bayonne），英国人占领了土伦（Toulon），奥地利人占领了瓦朗谢讷（Valenciennes）。到了1793年年底，国民公会宣布在所有18～40岁的法国男性中大规模征兵，大约有750 000名男性被组成九个纵队派往边境战场，前皇家军队也被合并到志愿军以及新征军队中。

儒尔当（Jourdan）击退了盟军，取得了瓦蒂尼（Wattignies）胜利，莫伯日（Maubeuge）要塞得以解围。奥什（Hoche）夺回了洛林。法国采取了攻势，收复了比利时以及莱茵河左岸的失地。儒尔当在弗勒留斯大败奥地利人并将其赶回了莱茵河，同时还占领了德国的科隆和科布伦茨（Coblentz）。

法军还占领了荷兰。反法联盟的君主们不得不求和并承认法国的占领。

法军的胜利与敌人没有全力以赴有关。因为在1793～1795年期间，盟军正忙于瓜分波兰。每个国家都一心想着如何多瓜分一些。这也是普鲁士国王在瓦尔米战役失利后选择撤退的动机。

反法盟军的犹豫和互相猜疑对法军而言无疑是有百利而无一害。1793年夏，如果奥地利人直扑巴黎，那法国就会像蒂耶博（Thiébault）将军所说的"百分之一万的失败"。正是奥地利人为法国赢得了培养士兵、军官和将军的时间，奥地利人救了法国。

在《巴塞尔条约》签订之后，在欧洲大陆上除了奥地利人以外，法国已不再有劲敌。督政府对奥地利和控制着米兰的意大利发起了进攻。波拿巴负责这场战役。从1796年4月到1797年4月，在经过一年的对抗之后，波拿巴迫使法国最后的敌人主动求和。

三、决定革命军队成败的心理及军事因素

在决定革命军队成败的因素中，一定少不了那些有着忘我牺牲精神的士兵们，尽管衣衫褴褛甚至时常赤脚，但他们依旧热情非凡、坚韧不拔，因为他们在革命原则的熏陶下，深知自己肩负着传播新信仰、创造新世界的使命。

大革命时期军队的历史让人想到阿拉伯游牧民族的历史。在穆罕默德的理想的感召下，这些游牧部落化身成为一支令人生畏的军队，并迅速占领了古罗马帝国的部分地区。如今，一种类似的信仰赋予共和国的士兵们一种百折不挠、英勇无畏的精神。在国民公会难以为继并让位给督政府时，共和国的军队已经解放了全国，同时还将入侵战争回敬给了敌人。在这一时期，只有这些士兵才是法国真正的共和主义者。

信仰会传染。大革命俨然是一个新纪元，好几个饱受君主专制压迫的民族在遭到入侵时，把侵略者当成了解放者。萨瓦省的居民跑着迎接法国士兵的到来。在美因茨（Mayence），法国士兵受到了热情的接待，人们种下自由之树，还仿照巴黎的国民公会建立起了自己的公会。

大革命的军队若遭遇到在绝对君主制的桎梏下逆来顺受且没有任何个人理想要捍卫的民族，那么获胜会相当容易。但若法国军队与那些拥有与他们同样强大的理想的民族发生冲突，那么胜利就会非常困难。

自由和平等的新理想能够吸引没有明确信念而又饱受主人专制迫害的民族，但对拥有根深蒂固强大理想的民族毫无作用。正是因为这一缘由，对宗教和君主制有着深厚感情的布列塔尼人和旺代人才得以在数年内成功地抵抗了共和国军队。

1793 年 3 月，旺代和布列塔尼（Bretagne）地区起义已经蔓延至其他十个省。旺代人在普瓦图（Poitou），朱安党人在布列塔尼，共召集了八万人参战。

与毫无理性可言的各种信仰之间的冲突一样，各种对立的理想之间的冲突也是残酷无情的。宗教战争是无情而野蛮的，发生在旺代的战争自一开始便显示出了这个特征。这场战争一直持续到1795年年末奥什平定了旺代才结束。但这种平定是靠歼灭几乎一切反抗者才得到的。

莫利纳里（Molinari）写道："两年内战之后，旺代只剩下可怕的断壁残垣，死亡约九十万人，其中男、女、老、少皆有，而侥幸逃过屠杀的一小部分人只能勉强度日。田地荒芜，围墙倒塌，房屋尽焚。"

让大革命士兵无往不胜的不单有他们的信仰，还有他们热情高涨、才华卓越、在战火中成长起来的将领。这是他们的另一个优势所在。

革命军队原先的将领以贵族为主，现大多流亡，因此，必须组建一支新的军官队伍。由此，一批军事天才有了用武之地，并在几个月的时间内得到了越级提拔。譬如奥什，1789年还是下士，在25岁时就成了师长、司令。极为年轻的将领们给军队带来了一种反抗精神，这是一种让敌人很难适应的精神。这些仅凭军功得到升迁的将领们，他们不为任何习俗、惯例所约束，很快便成功制定出了应对新形势的战术策略。

没有经验的大革命士兵无法用复杂的战术与老练的正规军作战，要知道，这些正规军都深谙七年战争①以来普遍使用的战术。

只能靠人海战术来实施攻击。由于将领们手下人多势众，这种有效的但野蛮的手段造成的减员也很快能够得到补充。

蜂拥而上拼刺刀的战法，很快就让习惯采用更加珍视士兵生命战术的军队迷失了方向。那个时代的枪支射击速度缓慢，这为法军采用这种相对简单的战术带来了便利。法国虽然胜利了，但自己损失惨重。有人做了统计，1792~1800年，法国军队在战场上损失了三分之一的军力（200万人中有70万人丧生）。

在本书中，我们不但从心理学的角度来研究这些事件，还要进一

①　是指1756~1763年发生在以英国与法国为首的两大集团之间为争夺殖民地和领土的战争。这次战争对于18世纪后半期国际战略格局的形成和军事学术的发展均产生了深远影响。——译注

步从这些事实得出一些结论。

对在巴黎的革命群众和对军队的研究，呈现出完全不同的景象，不过这点很容解释。

我们已经证实，民众没有理性思考的能力，他们只受自己变幻不定的冲动的支配，同时我们也知道，民众很信奉英雄主义，利他主义在民众中也很有市场。我们随便就可以找到成千上万个可以随时为某种信仰献身的人。

人在不同的环境下会有不同的心理特征，而不同的心理特征必然会导致不同的行为，甚至完全相反的行为。国民公会及其军队的历史为我们证明了这点。由类似的人构成的法国民众在巴黎和在边境的表现，其中的差异之大，让人怀疑这还是不是同一个民族。

在巴黎，民众是混乱的、暴力的、残忍的。他们的反复无常让政府束手无策。

而在军队则完全是另一幅景象。同样一群不安分的民众，在本分的农民和工人的影响下，在军纪的约束下，在情感的感染下，变得甘愿穷苦、英勇无惧，他们组成了一支了不起的军队，战胜了欧洲最可怕的军队。

这些事实证明了纪律的力量，当然也需要用事实来证明这种力量。纪律可以改造人，没有了纪律的约束，民众和军队就会变成野蛮的乌合之众。

这个真理被人们一天天地淡忘了。由于不懂得集体逻辑的基本规律，因此，面对大众变幻不定的冲动，人们只能一再退让，而非设法驾驭。

有必要向大众指明前行的道路，而非由大众自己来开辟道路。

第七章　大革命领袖的心理

一、大革命期间人的精神状态：懦弱和暴力并存

判断源于智慧，行为源于性格，要了解一个人，必须得从这两个方面加以考虑。

在重大的动荡时期，如在革命时期，性格起到了主要作用。我们在几个章节中已经描述过动荡时期的各种主流的精神状态，在此不一一重复。它们一起构成了精神状态的基础类型，当然每个人的精神状态还会受到先天遗传和后天环境的影响。

我们已经注意到神秘主义因素在雅各宾精神状态中、在其拥护者可怕的狂热中的分量。

我们知道议会的成员并非都是狂热分子。狂热分子只是少数，即便在最血腥的大革命议会中，绝大多数人仍是胆小的、温和的中立派，他们在热月政变前，是因为害怕而附和暴力分子，在热月政变后，他们便和温和派站到了一起。

革命时期与在其他时期一样，中立性格者总是占绝大多数，即使面对最无理的要求，他们也一概听之任之。事实上，他们和暴力分子一样危险，因为后者的强大正是基于前者的软弱之上。

在所有的革命中，尤其是在法国大革命中，人们总会看到一小部分思想狭隘但意志坚定的人对大多数有才华但没性格的人颐指气使的情形。

除了狂热的使徒和懦弱者之外，在革命中，还有一些只想利用革命进行渔利的人。在大革命中，这样的人比比皆是。他们的目的很简

单，那就是浑水摸鱼，大捞一笔，如巴拉斯、塔里安、富歇、巴雷尔等人。他们唯一的政治理念就是附和强者，欺压弱者。

大革命初期，这类不择手段往上爬的人很多，用如今的话说就是"野心家"很多。对此，1792 年德穆兰写道："大革命的每一位参与者，都是本着利己主义和自爱参加革命的，所有这些利己主义和自爱结合在一起，就构成了普遍利益。"

在关于政治动荡时期各种心理形式的章节中，我们已经对观察到的现象做了总结，把这些总结与本节前述的内容相结合，或许我们会对大革命中人的特点形成一个笼统的看法。现在我们要将先前已阐述的原则付诸实践，以分析革命年代那些声名最显赫的人物。

二、革命代表的心理

在巴黎，国民公会成员的行为总是受同僚以及社会行为的指引、制约或激励。

为了更公正地评价他们，我们要观察的对象必须是处在无拘无束、没有顾虑也即完全自由的状态下。被国民公会派遣到各省份执行公务的代表们就是这种情形。

这些代表们的权力是极大的。任何审查都约束不了他们。所有的公务员和行政官员都要服从于他们。

一位执行任务的代表说，凡是他觉得好的，就可以征用、查封或是没收，凡是他认为合适，就可以对其征税，将其监禁、流放或是斩首，在他的领域内，他就是"帕夏"①。

这些代表每个人都自视为帕夏，"坐着六匹马拉的四轮豪华马车，身边簇拥着守卫，坐在能摆三十副餐具的豪华饭桌旁，边用餐边听音乐，身边还有一群喜剧演员、交际花和侍卫陪同"。在里昂，"科洛·德布瓦的派头不亚于旧时的土耳其皇帝。若非再三请求，我们都无权一睹尊荣；在他的会客厅前还有一排厅堂，任何人都必须与他保持 15

---

① 帕夏，奥斯曼帝国行政系统里的高级官员，通常是总督、将军及高官。帕夏是敬语，相当于英国的"勋爵"，是埃及前共和时期地位最高的官衔。——译注

步的距离"。

人们可以想象一下这些虚荣心膨胀的独裁者在侍卫的簇拥下在城市里耀武扬威的样子，他的一个手势就足以让你人头落地。

接不到案件的小律师，没病人求诊的医生，还了俗的神甫，默默无闻的法官，这些以前平淡无奇的人，突然间飞黄腾达，堪比历史上强大的封建君主。断头台、溺死、扫射，一切随心情而定，一切是那么冷酷无情，他们深谙这种由位卑言轻通达显赫权贵之法。

连古罗马皇帝尼禄（Néron）、希利伽巴拉斯（Héliogabale）都远不及国民公会代表们残暴。前者还有成文法和习惯法约束，后者则不受任何牵制。

泰纳写道："富歇站在窗前，用望远镜观看对 210 名里昂人的屠杀。每有枪决，科洛、拉波尔（Laport）和富歇便大摆筵席，射击声传来，他们便挥舞帽子、起身欢呼。"

在这些执行公务且有杀戮心理的代表中，就有前任神甫勒蓬（Lebon）。勒蓬拥有至高无上的权力，阿拉斯市和康布雷市（Cambrai）深受其害。他和卡里耶的例子，向人们展示了一个没有传统和法律制约的人会变成什么样。这位冷酷的议员不仅生性残忍，而且还是个虐待狂；断头台就搭在他家的窗户下，以便他、他的妻子以及助理可以即时享受杀戮的乐趣。在断头台下，他还设置了供无套裤汉们来饮酒的酒吧。为了让他们高兴，这位刽子手还在大街上将那些被斩首的裸尸摆成各种有趣的姿势。

看了 1795 年在亚眠印制的审判勒蓬的两本卷宗，仿佛像是噩梦一般。在二十场庭审期间，阿拉斯和康布雷大屠杀中的幸存者们都会来到亚眠古老的司法总管辖区法院大厅作证，此处，就是这位前国民公会议员接受审判的地方。这些失去亲人的魂灵的话让人难以置信：空无一人的大街；在荒唐的审判后被处死的九旬老人和十六岁的花季少女；人们在讥讽、凌辱中死去，死亡成了娱乐、消遣；人们在音乐声中执行死刑；一大群孩子被招募充当断头台的守卫；荒淫、玩世不恭、纸醉金迷。萨德的一部小说成了这些人的真实写照；面对这场暴行的直言控诉，整个国家，在经受长期恐吓之后，似乎终于吐尽恐惧，并为自己的懦弱行径进行补救，于是拿这个倒霉蛋开刀，而这个受审判的人只是一个遭人痛恨的失败的体制的替罪羊。

这位前任神甫唯一可以为自己辩护的就是奉命而为。指控他的那些事实其实早已众所周知，但国民公会对此却置若罔闻。

我在前文已经指出，这些执行公务的代表们有着强烈的虚荣心，他们被赋予至高无上的权力，就连最有权势的独裁者都自叹弗如，但这些仍不足以说明他们的残暴。

这种残暴有着多种缘由。作为一种严格的信仰的传播者，这些国民公会的代表就像圣职部的审查官一样，对受害者毫无怜悯之心。此外，他们不受一切习俗和法律的约束，由此，人性中残留的原始兽性被他们发挥得无以复加。

文明可以抑制这些本能，但本能永远不会消亡，猎人的杀戮欲望便是永久的证据。居尼塞·卡尔诺（Cunisset-Carnot）在接下来的一段话里向我们展示了在纯娱乐的猎杀过程中，猎人在遗传习性的支配下再现出来的野蛮。

> 可以说，为杀戮而杀戮是普遍存在的现象，它是狩猎热情的本质。我们必须承认，现如今，文明国家的扩张根本不是出于生存的需要。我们祖先从事猎杀是迫不得已，猎杀是为了生存下去，要么杀死猎物，要么自己被饿死，但如今的杀戮则是毫无必要。杀戮在继续，而我们却无可奈何，我们可能永远也无法挣脱这条长久以来奴役我们的铁链。我们不能阻止自己去享受那种极度的欢乐，看着动物在流血，我们兴奋异常，当我们沉湎于杀戮时，我们变得毫无恻隐之心。那些最温驯的、最漂亮的野兽，欢唱的鸣禽，如春天般妩媚，掉进了我们的陷阱或是在我们的丝网内窒息，我们兴致勃勃地看着它们受到威胁，在流血，在极度痛苦中挣扎，竟没有一丝怜悯，而它们的这些痛苦都是我们造成的。它

们试图靠着已经断了的爪子逃脱或者拼命扑打着已经抬不起来的翅膀垂死挣扎……这一切是祖传习性从中作祟的结果，即便人中豪杰也无力抗拒这种习性。

在平常年代，这种嗜血的祖传旧习被严厉的法律所遏制，因而它只能在动物身上得到宣泄。一旦法典不再起作用时，它便立刻扑向了人类。这是众多恐怖分子在屠杀中感到极度兴奋的原因。卡里耶所说的看到受害者遭受酷刑时的表情就觉得快活的话可谓经典。残暴的本能在文明人身上，只是被抑制，但绝没有消亡。

三、丹东与罗伯斯庇尔

丹东和罗伯斯庇尔是法国大革命中的两个主要人物。对于前者，我不打算多说，他的心理相当简单，且人所共知。他是俱乐部的演说家，冲动而又暴力，一副时刻准备煽动民众的样子。他只是在演讲中显得残酷，却还经常为由此造成的影响而感到遗憾。从一开始，他就在议会中居于首位，且光芒四射，而他未来的对手罗伯斯庇尔此时还默默无闻，在议会中垫底。

丹东曾一度成为大革命的中心人物，但他在行动中却不顽强，也不坚定。此外，他生活窘迫，而罗伯斯庇尔则无衣食之忧。后者持续的狂热战胜了前者间歇性的努力。然而，这样一位强大的平民演说家却被比他逊色的、恶毒的且平庸的对手送上了断头台，这是谁也没有预料到的结果。

罗伯斯庇尔是大革命中最具影响力、最受人关注的人物，同时也是最令人费解的人物。他握有生杀予夺的大权，对象不仅有大革命的敌人，还有不是现政权敌人的同事，一个人能有如此巨大的势力着实令人费解。

泰纳说罗伯斯庇尔是一个迷失在空想中自命不凡的人，但这种解释还不够确切；米什莱说罗伯斯庇尔之所以成功是因为他的原则，但这种说法还不够肯定；与他同时代的威廉斯说："他实现统治的秘密之一就是把受到栽赃陷害的人当作实现其个人野心的垫脚石。"对此，我们也不敢苟同。

他成功的原因不可能在于雄辩。眼力不济的他读起冰冷的、含糊的、抽象的演讲稿时倍感吃力，更何况议会还有着无数像丹东和吉伦特派这样的天才演说家，不过最终他们还是死在罗伯斯庇尔的手上。

事实上，对于这位独裁者为何有如此大的影响力并没有什么合理的解释。罗伯斯庇尔对国民议会本没有任何影响，他是一步步慢慢成为雅各宾派和国民公会的主人的。比约－瓦雷纳这样说道："到了救国委员会之时，他已经是法国最重要的人物了。"

米什莱说："他的故事让人不可思议，与之相比波拿巴都稍逊一筹。我们没看到计谋、同党以及精心准备。我们看到的只是文人堆里的一位小律师，一个诚实、严肃，但相貌平凡、资质平庸的人。一个早晨，一场不知名的龙卷风袭来，将他吹起，顷刻间，他一跃高过了帝王，成了被供奉的对象，多么让人震惊的传奇，连《天方夜谭》里也没有这样的事情。"

或许是时势造英雄。他成了主心骨，每个人都离不开他。此时的他业已声名显赫，但我们对他迅速崛起的原因还是一无所知。我更愿意相信在他身上有一种至今不为人知的个人魅力。在这个想法的指引下，我们开始留心他成功中的女性因素。在他发表演讲的日子里，"走道里挤满了女人……观众台上有七八百人，她们使劲地为他鼓掌……在他对雅各宾派发表讲话时，常引来同情的啜泣声、尖叫声，还有足以震塌大厅的跺脚声……"夏拉布夫人（Chalabre），一位拥有四万法郎租金的年轻寡妇，还向他寄去了一封火辣辣的情书，并称非他不嫁。

罗伯斯庇尔的性格与他大受欢迎并无什么关系。忧郁的气质，智力平平，罔顾现实，沉湎于幻想，奸诈而又虚伪，他最鲜明的特征便是极度的傲慢，这种傲慢一直膨胀至其最后的时光。他俨然就是一个新教义的大祭司，自诩为上帝在人世间的使者，负责建立一个道德王国。人们写道："他是弥赛亚，永恒的上帝允诺他来改造一切。"

满怀文学抱负的他对自己演说词的润色是不厌其烦。演说家或文人因遭其深深的嫉妒而死亡，如卡米尔·德穆兰。

德穆兰写道："文人学者尤其受这位暴君的痛恨。罗伯斯庇尔不仅嫉妒同事，这位迫害者还带着愤恨来对待他们；对他们的仇恨，不是缘于他们对专制的反抗，而是缘于他们拥有让其相形见绌的才干。"

这位独裁者对同僚的蔑视是巨大的、不加掩饰的。他在梳洗时接见巴拉斯，刮完胡子后，朝他的这位同事身边吐痰，仿佛人家不存在一样，对巴拉斯提出的问题，他也不屑回答。对于资产阶级及其代表，他同样报以充满仇恨的轻蔑。只有群众才能得到他的好感。他说："当至高无上的人民行使权力时，我们需要服从。人民所做的一切都是基于道德和真理，没有任何的不妥、错误和罪恶。"

罗伯斯庇尔患有被迫害妄想症。他杀害了这么多人，不仅仅是因为他肩负着捍卫共和的使命，还因为他认为自己处在敌人和谋反者的包围之中。索雷尔写道："他的同事在他面前越是软弱，他就越发害怕他们。"

他在五个月内的绝对专政将领导专权发挥到了极致，令人惊讶不已。一个拥有军队的暴君想杀谁就杀谁，这点很容易理解。但仅以一己之力便成功地将大批同僚一个个送上绝路，这点很难解释清楚。

罗伯斯庇尔的权势无所不能，他可以将德穆兰、埃贝尔、丹东以及其他许多显赫至极的议员送交革命法庭审判，并最终送上断头台。曾经辉煌一时的吉伦特派也倒在他的脚下。

他还攻击令人生畏的巴黎公社，将他们的领袖送上了断头台，并且用一个听从他的命令的新公社取而代之。

为了尽快肃清那些让他不悦的人，他让人投票通过了牧月法。有了这个法律，他便有权处死仅仅受到怀疑的人，于是在49天内，他便在巴黎杀害了1373人。他的同事们饱受这场疯狂恐怖的煎熬，甚至都不敢在家睡觉。参加会议的议员代表不足百人。戴维（David）说："我认为我们山岳派能剩下二十人就不错了。"

对自己的实力和国民公会成员的软弱太过于自信，这点最终要了罗伯斯庇尔的命。由于罗伯斯庇尔让人通过了一部法律，只要他领导下的委员会发出命令，便可将议员送上革命法庭，也即送上断头台，而无须议会批准，这让许多山岳派人士和平原派的一些成员坐不住了，他们便开始密谋推翻他。塔里安深知下一个被处死的将会是自己，于是也就无所顾忌地公开控诉罗伯斯庇尔的残暴罪行。罗伯斯庇尔则发表了一个经过反复斟酌的演讲来为自己辩护，但在白费口舌后，他方明白，以逻辑推断来处死这些人是可以的，但议会却不是以逻辑推断来行事的。这些谋反者的呐喊盖过了他的声音。在精神感染的作用下，现场众多成员都发出了"打倒暴君！"的喊声，这足以让罗伯斯庇尔下台了。于是议会当机立断，马上宣布对他的指控。

巴黎公社曾想解救他，但国民公会却宣称他"不受法律保护"。在这神奇的一招的打击下，他彻底垮台了。

威廉斯写道："在这个时期，宣布谁'不受法律保护'，在法国人看来，无异于说谁得了瘟疫，于是这个人的民事权被剥夺，这个人呼吸过的空气似乎也能传染，人人唯恐避之不及。把大炮瞄准国民公会的炮手们也一样，没有接到任何的命令，仅听到公社是'不受法律保护'的，便就立刻调转了炮口。"

罗伯斯庇尔以及他的同党圣茹斯特、革命法庭庭长、巴黎公社主席等共计 21 个人在热月十号被送上了断头台。在处决他们的第二天，又有 70 个雅各宾党人被处死，第三天，处决了十三个。持续十个月的大恐怖终于结束了。

在热月政变中，雅各宾大厦的坍塌是大革命期间最令人好奇的心理事件之一。事实上，在推翻罗伯斯庇尔的山岳派中，根本没人会料到罗伯斯庇尔的垮台竟然标志着大恐怖时代的结束。

塔里安、巴拉斯、富歇等人推翻了罗伯斯庇尔就像推翻埃贝尔、丹东、吉伦特派等人一样。但人群的欢呼声让他们意识到，罗伯斯庇尔的死被看作恐怖时代的终结，于是他们急忙声称这本来就是他们这样做的目的。他们不得不这么做，因为平原派是议会中的多数派，一直任由罗伯斯庇尔残杀，现在平原派满怀仇恨猛烈攻击这个自己长期以来昧着良心为之赞美的体制，他们没法不去附和平原派。一度害怕而如今不再害怕的人其实更可怕。平原派为了一雪自己曾被山岳派胁迫的耻辱，随后便以其人之道还治其人之身。

罗伯斯庇尔的同事们在国民公会中对他的顺从绝非出于本意，而是独裁者让他们感到难以抑制的恐惧，在这种因害怕而温良恭让、溜须拍马的背后，隐藏的是强烈的仇恨。

在罗伯斯庇尔死后，1794 年 8 月 11 日、15 日和 29 日的《箴言报》刊登了几位议员撰写的报道，看了这些报道，尤其是看了关于"罗伯斯庇尔、库通和圣茹斯特三巨头的阴谋"之后，人们才明白仇恨是如此之深。连奴隶都绝不会如此谩骂他没落的主人。

"一段时间以来，这些怪物连马略（Marius）① 和苏拉最可怕的流放手段都重新用上了。"在报道中，罗伯斯庇尔被描述成一个可怕的无赖；人们信誓旦旦地说："他就像卡里古拉一样，总想着让法国人民对他的马顶礼膜拜。他不放过一丝的怀疑，他在严刑拷打中寻找安全感。"

这些报道忽视了一点，那就是罗伯斯庇尔的权力根本没有依靠一支强大的军队，这点与他们所影射的苏拉和马略不一样，他靠的仅仅是国民公会成员的纵容。没有他们的极度软弱，这位独裁者的权势连一天都维持不下去。

罗伯斯庇尔是历史上最可恨的暴君之一，但他又和其他暴君有别，因为他是一个没有士兵的暴君。

若要对罗伯斯庇尔的信条加以总结，我们可以说：他以狭隘的逻辑、强烈的神秘主义以及一成不变的僵化成了雅各宾派信仰的完美化身，也许除了圣茹斯特外，无人能及。如今他依旧不乏仰慕者，如阿梅尔（Hamel）坚称他是"热月政变的殉难者"。人们还曾讨论过为他立一个纪念碑。我非常赞同保留一些形迹作为警醒，以便让人们知道：在一个知道如何操控议会的领袖前，一个原本有所作为的议会是何等温顺，群众又是何等盲目。他的雕像会让人回想起，就在推翻他的前夜，国民公会还对这位独裁者——国民公会的最大威胁——推行的举措而欢呼雀跃，敬仰和激情溢于言表。

---

① 盖乌斯·马略（Gaius Marius，公元前 157—前 86），古罗马著名的军事统帅和政治家。——译注

四、富基耶－坦维尔、马拉、比约－瓦雷纳等人

我把一些因生性残暴而出名的革命者集中在一个章节中加以介绍。他们的残暴因掺杂其他的情感如害怕和仇恨，从而变本加厉。

富基耶－坦维尔，革命法庭的检察官，在人们的记忆中，他是最阴险的人物之一。这个昔日因温和而著称的法官，而后则变成了一个嗜血成性的人，人们对他的回忆只有不尽的反感，在著述中，我经常拿他作为例子来说明在革命时期人的某些性格的转变。

在君主制没落的时候，他还在为生计而奔波。他十分期待社会动荡，因为从中他可以得到一切，而没有任何的失去。他是唯恐天下不乱的人之一。

国民公会把自己的权力交给了他，让他决定将近两千名被告的命运，其中包括王后玛丽－安托瓦内特、吉伦特党人、丹东、埃贝尔等人。他处决了所有的可疑分子，并毫不顾忌地背叛了他以前的保护者。德穆兰、丹东或其他什么人，一旦失势，他便对其提起公诉。

大革命暴露了富基耶－坦维尔卑劣的灵魂。在正常年代，在职业规则的约束下，他注定是一个温和的、默默无闻的法官。这也正是革命法庭代理检察官吉尔贝－利埃东（Gilbert-Liendon）的命运。迪雷尔（Durel）这样写道："他应该和他的同事一样感到惊骇，然而他却以最高法官的身份结束了他的生涯。"

一个有组织的社会最大的善行之一无疑就是能管控好危险分子，只有社会约束才可以控制住这些人。

富基耶－坦维尔至死都不理解人们对他的判决，从革命的角度来看，这种判决是没有道理的。他难道不是在卖力地执行领袖们的命令吗？不能把他与被派往外省的那些代表们等同看待，因为人们无法监视那些人。国民公会的代表们审查了他所有的行动，并且到最后一天还在表扬这些行动。如果他对犯人的草率判决和残暴没有得到领导们的支持，那么他的权力早就不保了。国民公会对富基耶－坦维尔的判决，也即等于对自己可怕的体制的判决。国民公会明白这点，国民公

会将许多恐怖分子送上了断头台，靠的就是富基耶－坦维尔，他只是忠诚的死刑执行官而已。

除了富基耶－坦维尔之外，我们再来说说迪马（Dumas）。迪马是革命法庭的庭长，由于极度的恐惧而变得异常残忍。不准备两把上好子弹的手枪，他都不敢出门，他在自己家中设置障碍，只通过窗口和拜访者交谈。他怀疑一切，包括他的妻子，他的疑心太重了。他甚至将他的妻子也送进了监狱，在热月政变突然发生之际，他正打算将她处决。

在国民公会所揭露的这些人中，比约－瓦雷纳是最野蛮的人之一。我们可以把他看作野兽般残忍的一个完美典型。

在愤怒丛生、英雄气短的时候，他表现得很冷静，有条不紊地完成了自己的工作——这种工作是可怕的；在修道院大屠杀时，他代表官方向杀人者表示祝贺，并允诺付给他们薪酬；之后，他回到家中，仿佛刚散完步一样。他就是雅各宾俱乐部主席，国民公会主席，救国委员会委员。他将吉伦特派送上了断头台，将王后送上了断头台，将他以前的主人丹东，这个曾说"比约舌下有把刀"的人也送上了断头台。他批准了里昂的炮击事件，南特的溺死事件，阿拉斯的团伙事件；他组织了残忍的"奥朗日"（Orange）委员会；他是牧月之法的推手；他怂恿富基耶－坦维尔去放心大胆地干；所有的死刑判决书上都有他的签名，他的签名通常排在第一位，排在他的同事之前。他说着夸张的句子，"抖动着他的狮鬃"，当他逐渐靠近时，其他人便惊恐、犹豫、后退，他没有任何怜悯，没有感情，也没有热情；为了让他那冰冷、毫无表情的脸与他周围的热情相协调，他现在戴着黄色的假发，不过显得不伦不类，这头假发，除了戴在比约－瓦雷纳阴森的头上，戴在其他人头上都会让人发笑。当轮到罗伯斯庇尔、圣茹斯特和库通倒霉时，他抛弃了他们，站到了对手那边，并将他们推上了断头台……为什么？有什么目的？我们无从知道，因为他对任何事物都没有野心，他对金钱、权力都没有欲望。

我不认为上述引文中的问题很难回答。我们在前面谈过，在某些凶手身上普遍存在着杀戮欲，用杀戮欲来解释比约－瓦雷纳的行为再合适不过。这一帮为了杀戮而杀戮的匪徒，就像猎人打猎一样，仅为了从破坏中找乐子。在平常年代，有杀戮欲的人，由于忌惮警察和断头台，而不得不克制这类欲望。在可以肆意妄为的时期，什么都无法阻止他们去杀戮。比约－瓦雷纳以及其他许多人的情况就是如此。

马拉的心理相对要复杂一些，因为他不仅有杀戮欲，在其心理之中还叠加有其他因素，如昔日受伤的自尊心、野心、神秘的信仰等，我们可以把他看作固执己见、为荣誉痴狂的半疯子。

在大革命之前，他曾有过远大的科学抱负，但没有人重视他的胡思乱想。虽梦想着地位和荣誉，但他只在一个大领主家里谋得一份卑下的差事。心中充满着对那个否定他价值的旧社会的仇恨，他成了最暴力的一伙人的领导。在公开颂扬九月屠杀以后，他创办了一份报纸，以之抨击所有的人，并整天鼓吹死刑。

因为总是把人民的利益挂在嘴边，所以马拉成了人民的偶像。然而，他大部分的同事都极为鄙视他。即便他逃过了夏洛特·科黛（Charlotte Corday）的匕首，他也逃不过断头台上的铡刀。

五、大革命后国民公会议员的命运

除了这些心理很有特点的国民公会议员之外，还有巴拉斯、富歇、塔里安、梅兰·德·蒂翁维尔等人。他们都是毫无信仰、毫无原则的人，一心只想着如何致富。

他们善于在民众贫困的基础上积累起巨额的财富。在正常年代，我们会把他们当作纯粹的无赖，但在革命时期，所有的善恶准则似乎都消失了。

只有极少数雅各宾党人依然狂热，大部分人在成为拿破仑忠实的奉承者并名利双收之后，都抛弃了他们的信仰。曾称呼狱中的路易十六为路易·卡佩的康巴塞雷斯（Cambacérès），在帝国时期，曾要求他的亲信在公共场合称他为亲王殿下，在私下里为王太子殿下，这表明许多雅各宾党人其平等的需要是出于某种嫉妒的情感。

马德林写道："大部分的雅各宾党人很富有，像夏博（Chabot）、巴齐尔（Bazire）、梅兰、巴拉斯、布尔索（Boursault）、塔里安、巴雷尔等人都拥有城堡和土地。现在不富有的人很快就会变得富有……"仅在热月党的总部——共和三年委员会里，就有 1 个未来的王子，13个未来的伯爵，5 个未来的男爵，7 个未来的帝国上议员，6 个未来的国家参议员，除此之外，在国民公会里，还有未来的奥特朗托公爵，未来的勒尼奥（Regnault）伯爵，50 位在 15 年后将拥有爵位、纹章、翎饰、四轮华丽马车、年俸禄、长子世袭财产、公馆和城堡的民主派。富歇在去世时有一千五百万里弗的资产。

为了资产阶级的利益，曾遭极力诋毁的旧制度特权看来有必要重新恢复。为了实现这样的结果，必须要摧毁法国、烧毁整个外省，要大量使用酷刑、让无数家庭陷入绝望，要颠覆欧洲，要开辟战场杀害几十万人。

在结束这专门研究法国大革命中不同人物心理的章节之际，我们回顾一下我们曾经说过的东西，这关系到对这个时期的人可能做出的评价。

对待某些个人，伦理学家必须要态度严厉，因为他是根据一个社会赖以为继的各种典范来评判这些人的，这些典范必须得到遵守。而心理学家就不需要这样严格。心理学家的目标是理解，而且必须是一个全面的理解。批评不是他的事情。

人类的灵魂是一种极其脆弱的机制，活跃在历史舞台上的木偶极少能够与推动它们的强大力量相抗衡。遗传、环境、形势都是蛮横的主人。如果我们处在上述我们尝试解释其行为的那些人的位置上，没有人能说出我们的行为肯定会是什么样。

第三篇　传统惯例和革命原则之间的较量

第一章　无政府主义的最后一搏：督政府

一、督政府心理

不同的革命议会中的部分成员都是同一群人，因此，人们有理由相信这些议会的心理是极其相似的。

在正常时代里，情况也许是这样，一成不变的环境造就了一成不变的议会的特征。但在形势急剧变化的大革命时期，这些特征也需要改变以适应形势的变化。督政府就是这样一个例子。

督政府这种政府形式由不同的议会组成：两个由不同派别的议员组成的人数众多的议会以及一个由五个督政官组成的人数极为有限的议会。

两个大的议会因其极度软弱从而使人想起国民公会。虽然它们不再对民众暴乱逆来顺受，因为督政官们已对这类暴乱加以强力约束，但它们依然得无条件地服从督政官的独裁命令。

最初被选举出的议员们大体上属于温和派。所有人都被雅各宾派专制折磨得筋疲力尽。新议会渴望在一片废墟上重建法兰西，并且建立一个自由无暴力的政府体制。

事物的发展通常不以人的意志为转移，这是一种必然性，大革命已证实了这一规律。尽管议员们的初衷是美好的，但可以说，由于这种必然性，他们还得像他们的前任一样，做出事与愿违的事情。他们希望给人以温和的印象，但结果却是暴力的，他们渴望消除雅各宾派的影响，但结果自己却反受其害，他们期盼着修复废墟，但结果废墟却更多，他们憧憬着宗教和平，但结果却变本加厉地迫害和屠杀教士，比大恐怖时期尤甚。

由五个督政官组成的小议会的心理和议员组成的大议会的心理大不相同。督政官们每日要务缠身，忙得焦头烂额，然而那两个大议会却历来罔顾现实，只会憧憬。

督政官们的主导思想很简单。他们对原则毫无兴趣，他们首先考虑的是保住自己的统治地位。为了达到这个目的，他们会毫不犹豫地借助于最不合法和最暴力的手段，当他们的利益受损时，他们连废除众多省份的选举制度也在所不惜。

当感到治理法国力不从心时，督政官们便放任法国，任其自生自灭。他们以独裁手段达到统治法国的目的，却从不管理法国。而法国彼时最缺少的恰恰就是管理。

在历史上，国民公会政府以强硬而著称，督政府则是以软弱而闻名。但恰恰相反，督政府才是一个强硬的政府。

心理学可以解释督政府和先前的议会政府之间的这种区别。一个六七百人的会议可以在情感传染的影响下表现出不一般的狂热，如8月4日的夜晚贵族们投票废除封建特权，甚至还可以激发出强烈的意志如挑战欧洲所有的君王。但这种冲动转瞬即逝，因而不堪大用。一个五人的委员会，很容易被一个人的意志所支配，因而也很容易刚愎自用，也即一意孤行。

督政府在管理上一贯显得无能，但它从不缺乏强烈的意愿。它可以为所欲为，不尊重法制，不尊重公民，更不关心公共福祉，它在法国施行的专制统治，让法国大革命开始以来甚至大恐怖时期的每一届政府都自叹弗如。

督政府和国民公会一样，以最残暴的方式统治法国，结局也和国民公会一样，它永远无法成为国家的主人。

上述事实再一次证明了物质约束无法左右道德力量。我们只得不厌其烦地再说一遍：真正引领人类的是祖先们建立起来的道德框架。

我们习惯于生活在一个有秩序的、有法可依的、遵循传统的社会里，很难描述一个没有了道德框架的民族的状态。我们见得最多的就是人们只看到社会中不如意的一面，而对其他视而不见。殊不知，一个社会只有立下一定的规矩，只有用法律、习俗和惯例来对与生俱来的野蛮的本能加以约束，方可称之为社会。

国民公会和督政府的历史就是这样的反面教材，它清楚地表明，一个没有了传统架构的民族，一个仅以人为拼凑出来的过于空洞的理性为指南的民族，会混乱到何种程度。

二、督政府的专制统治：大恐怖再现

为了转移注意力、使军队忙起来并掠夺邻国以获取资源，督政官们决定重起征服之战，这个方法在国民公会期间曾百试不爽。

在他们的统治期间，战争一直持续着，尤其在意大利，军队取得了丰硕的战果。

一些被侵略的国家的人们还天真地认为，这些侵略是为他们好。但没多久他们就发现，与军事行动一同到来的是沉重的捐税、教堂遭劫、国库遭殃等。

这种征服政策最终导致了一个新的反法联盟，并持续到 1801 年。

对国家漠不关心又无能治理国家的督政官们，为了保住权力，时刻忙于打击谋反势力。

这项任务足以让督政官们焦头烂额，因为各政党都拒绝解除武装。无政府主义演变至此，以至所有人都期盼着能有一只强有力的手来恢复秩序。每个人包括督政官自己都觉得，共和体制已难以为继。

有些人梦想着恢复君主制，有些人则想建立恐怖政体，还有些人期待着某位将军能力挽狂澜。只有那些攫取国家财富的人害怕政体的变更。

督政府的不得人心与日俱增，1797 年 5 月，议会的三分之一议员被改选，大部分被选举出的议员反对现有政体。

督政官们当然不会为了这点小事而不安。他们取消了 49 个省的选举结果，154 名新议员被剥夺资格逐出议会，53 名被判处流放，其中就有几位大革命期间大名鼎鼎的人物：波塔利斯（Portalis）、卡尔诺、特隆松·杜·库德雷（Tronson du Coudray）。

为了恐吓选民，军事委员会随意地处决了 160 人，并将 330 人流放至法属圭亚那，其中一半人很快死去。回到法国的侨民、教士们遭到大规模驱离。这就是所谓"果月政变"。

这场政变主要打击的是温和派，但事情并没有到此为止，另一场打压活动很快便接踵而来。督政官们发现在新一轮选举后，雅各宾派议员人数太多，便中止了其中六十多人的资格。

上述事件暴露了督政官们的专制本性，而其具体的手段则更突显了这种本性。督政官们和大恐怖时期最残暴的国民公会议员们一样嗜血成性。断头台无法一直用下去，于是乎便用流放来取而代之，而在恶劣的条件下，受害人生存的机会微乎其微，如流放到罗什福尔（Rochefort）的受害者们被关在铁笼子里，堆放在船上，暴露在各种恶劣天气中。

泰纳说："那些不幸的人被关在'戴卡德号'（Décade）和'巴尤那兹号'（Bayonnaise）的甲板舱里，他们因氧气不足和酷热而呼吸困难，他们被虐待、被洗劫，最终因饥饿和窒息而死，到了圭亚那，航程才告结束。'戴卡德号'运送的 193 人，在 22 个月后只剩下 39 人；'巴尤那兹号'运送的 120 人最后只剩下 1 人。"

看到天主教遍地兴起，便认为教士们要谋反，于是仅一年内，督政官们便把 1448 名神职人员加以流放或者送到劳役所，这还不包括许多被草率处死的教士。大恐怖实质上已卷土重来了。

督政府独裁专制的统治遍及所有的行政管理部门，尤其是财政部门。如因为需要六亿里弗，督政府便让逆来顺受的议员们投票通过了一项增税法案，但只征收到 1200 万里弗。不久，心有不甘的督政府又下令筹措一亿里弗的强制借款。但结果导致作坊关门、商业停滞、佣工失业，这项以毁灭为代价的措施仅筹得四千万里弗。

为了确保对各省份的控制，督政府让人投票通过了一项所谓人质法，根据该法令，每个公社都要列出一份人质名单，列出要为闹事承担责任的责任人。

这样一种体制自然会导致天怨人怒。1799 年年底，14 个省发生了暴动，还有 46 个省准备揭竿而起。如果督政府还持续执政，那么这个社会就将彻底解体。

这种社会解体已经在大踏步进行中。财政机构和行政机关已完全瘫痪。国库中的指券贬值到仅为票面价值的 1％，几乎成了废纸。以利息为收入的人和公务员没有了经济来源。

在旅游者的印象中，法国是一个被战争蹂躏、被其人民抛弃的国度。倒塌的桥梁、堤坝和建筑物致使交通瘫痪。废弃已久的道路上盗匪横行。若没有从帮派的头目那里购买的安全通行证，在某些省份便寸步难行。工商业也被摧毁，如在里昂，15 000 间作坊里有 13 000 间关门歇业。里尔、勒阿弗尔、波尔多、里昂和马赛等城市就像是死城。苦难和饥荒随处可见。

相比上述社会的混乱，道德的混乱也毫不逊色。奢靡、享乐、华服、盛宴、豪宅为一个由公债投机商、军火供应商、靠掠夺致富的奸诈金融家组成的新阶层所专享。它们让巴黎呈现出一片奢华祥和的虚假繁荣景象，并迷惑了众多研究这段历史的历史学家，实际上，在这惊人的奢华背后是普遍的贫穷。

督政府的编年史，让人们明白史书中的历史情节是多么不靠谱。这个时代曾经是戏剧创作的题材，它的风尚依旧被人所模仿，它给人们留下了这么一种回忆：这是历经大恐怖惨剧后百废俱兴的一段快乐时光。但事实上，督政府的体制并不比大恐怖时期的体制优越，二者同样血腥。这种体制最终导致天怨人怒，督政官们感到自己的统治来日不多，便开始物色有能力取代他们并保护他们的独裁者。

三、波拿巴崛起

我们刚才说到，督政府统治末期的无政府状态和混乱，让所有人都翘首企盼一位强势人物出面来恢复秩序。1795 年，一些议员还曾一度幻想过恢复君主制。在路易十八愚蠢地宣布他要完全恢复旧体制、要将财产归还给以前的主人并且惩罚参与大革命的人之后，人们便立刻抛弃了他。离奇的基贝隆（Quiberon）战役①使得这位潜在的君主失去了其全部的拥护者。保王党分子在整个大革命时期所表现出来的无能和狭隘，证明了对他们采取的大部分的严厉措施都是合理的。

君主制看来是不可能了，于是一位将军来收拾残局。唯有一个叫波拿巴的将军堪当此任。意大利的战役让其崭露头角。在跨越阿尔卑斯山之后，他又接连取得胜利，攻入米兰和威尼斯，在战争中，他几乎所向披靡。在奥地利皇帝决定求和之时，他指挥的军队离维也纳仅有 25 古法里。

尽管波拿巴已经声名显赫，但这位年轻的将军还是觉得不满足。为了进一步提升他的声望，他说服了督政府入侵埃及，以便削弱英国的力量。1798 年五月，波拿巴在土伦启程出征。

> 最有远见卓识和势力的将军们一直在催促这位出生在意大利的将军采取行动，做共和国的首脑；但波拿巴拒绝了，因为他还没有强大到能够独自应付局面的程度。对于统治的艺术和共和国的需求，他与革命党人以及议会的看法大相径庭，他不能一意孤行，他担心他的声誉受到影响。他决定出征埃及，一旦形势需要或有利，他便再度问鼎。

波拿巴并没有在埃及逗留很长时间，因为他的朋友召唤他回去。他在弗雷瑞斯（Fréjus）登陆并归来的消息让所有人都激动不已，到处张灯结彩。波拿巴、西哀士（Sieyès）②、两位督政官以及一些主要

---

①　基贝隆战役是热月党打击王党复辟活动，维护革命成果的重要战役。热月党在镇压芽月起义和牧月起义后，国民公会的政策明显右倾，为王党势力的抬头提供了机会。逃亡贵族的家属及其党羽公开要求发还已被没收的财产，亡命国外的贵族也加紧活动。在意大利的王弟普罗旺斯伯爵利用朱安党人发动叛乱，并向英国求援。1795 年 6 月 27 日，一批逃亡贵族率领约 4500 人乘英国军舰登陆，占领奥雷城。奥什将军率共和军迎战，登陆军退到基贝隆半岛。7 月 21 日法军发动总攻，将王党判军彻底击败。——译注

②　西哀士，神甫，法国大革命时期的制宪议会代表，国民公会代表，雅各宾派中大资产阶级的代表，元老院元老。——译注

的部长们共同谋划了一起政变，法国为配合这次政变也提前做好了准备。密谋在三个月内完成。政变定在雾月18日，进行得异常顺利。

摆脱了长期以来一直压迫和剥削法国的邪恶帮派，所有的党派都感到无比快乐。

法国人民无疑要面临一个专制体制，但是它不会像之前那么多年的专制体制那样难以忍受。

雾月政变的历史很好地证实了我们之前一再说过的话：即便是世人皆知且见证者无数的事件，要想准确判断它也是不可能的。

我们知道在三十多年前人们对雾月政变是怎么一种看法。人们把它看成是一个野心家在军队的支持下犯下的罪行。事实上，军队在雾月政变中没有发挥任何作用。驱逐少数几个顽固议员的小股卫队并非军人，而是议会自己的宪兵。发动雾月政变实际上是政府自己，整个法国都是这次政变的同谋。

四、大革命持续的缘由

若只为贯彻法律面前人人平等、自由竞争公职、人民主权、控制支出等几个基本的原则，那么大革命只需几个月的时间。到1789年年中，这些目标都已经实现了。随后的那些年里并未增加什么新原则，但大革命实际上却持续了很长时间。

从官方历史学家承认的大革命持续时间来看，大革命一直持续到波拿巴崛起，前后大约为期十年。为什么在新原则得到确立之后这种混乱而又暴力的局面依旧？我们不该在对外战争中找原因，因为那场战争因反法同盟的破裂和我们的胜利而早该结束了；更不该在法国民众对革命政府的同情中寻找原因，因为没有哪个政体会像革命议会那样令人憎恶和鄙视。由于革命议会的反复无常，大部分的法国人都流露出对革命议会的厌恶。

最后一点，法国对革命体制的反感。这点长期以来一直不为人所知，直至最近，历史学家方才使其大白天下。刚刚出版的关于法国大革命的一本书的作者马德林，将这些历史学家们的观点做了如下精辟的概括：

　　一个人数不多的政党自 1793 年起便掌控着法兰西、掌控着大革命、掌控着共和国。现在，四分之三的法国民众希望停止大革命，更确切地说，是希望大革命摆脱可恶的盘剥者们的掌控，然而这些人却想方设法控制住这个不幸的国家……如他们施行大恐怖来保住权力，他们随时打击任何企图反对大恐怖的人，即便他们是大革命最优秀的奴仆。

　　直到督政府统治末期，政府都一直被雅各宾派掌控着，他们只想用权力来保存他们通过屠杀和掠夺积累起来的财富，他们还准备将法国出卖给任何可以保护他们这种财富的人。他们之所以和拿破仑就雾月政变进行协商，仅仅是因为路易十八无法实现他们的愿望。

　　但如此专制、如此令人唾弃的政府会存续那么多年，这又如何解释呢？

　　这不仅是因为人们对革命宗教还心存念想，也不仅是因为它采用了迫害和暴力的手段，最主要还是因为我之前所讲的缘由：若维持这个政府，便会有一大群人从中获取巨大的利益。

　　这一点才是根本。如大革命仅停留在理论信念的层面，那么它很可能无法持续下去。然而刚建立起来的信仰很快便脱离了纯理论的范畴。

　　大革命不仅局限于剥夺君主、贵族和教士的政府权力。大革命在把特权阶层的职务和财富往资产阶级和众多农民手里转移的同时，也把资产阶级和农民改造成为新政体坚定的捍卫者。这些以极低廉的价格获取了从贵族和教士那里剥夺来的土地和城堡的财富拥有者们，最担心的便是君主制卷土重来，因为如此一来，他们必须交还他们所得到的一切。

　　很大程度上正是因为这些原因，方使得一个在平时绝不受支持的政府能够一直支撑下去，直到一个承诺保护大革命的道德成果特别是物质成果的新统治者出面收拾残局。波拿巴满足了这些期待，自然受到了热烈欢迎。一些有争议的物质成果和理论原则依然不保险，波拿巴便用制度和法典将其固化下来。波拿巴终结大革命的说法是错误的。波拿巴并没有破坏大革命，而是巩固了大革命。

第二章 恢复秩序：共和执政府

一、执政府如何巩固大革命成果

执政府的历史提供了丰富的心理学材料。这段历史表明，一个强有力的个体要比一个集体更为高效。波拿巴很快便终结了困扰共和国长达十年的血腥的无政府状态并使之恢复了秩序。尽管镇压手段空前残酷，但四届革命议会中没有一个能够实现这样的目标。在这么短的时间里，波拿巴独自一人便实现了这个目标。

波拿巴以个人的威望迅速平息了巴黎所有的叛乱，打消了复辟的企图，并让法国因强烈仇恨而支离破碎的道德恢复完整。

波拿巴以完美有序的个人独裁取代了无序的集体独裁。所有人都从中受益，因为他的专制远没有之前长达十年的专制那么沉重。此外，鉴于他的专制受到极大的欢迎，因此有理由认为，对其感到不快的人应该寥寥无几。

之前的历史学家认为波拿巴颠覆了共和政体，如今的人是不会附和这种说辞了。他利用制度和法典将大革命成果中可行的部分如法律平等、废除特权等加以固化，从而保留了共和政体中一切可以保留的东西，若没有他，这一切便无从谈起。此外，执政府也一直自称是共和政府。

如果没有执政府，取代督政府的极可能是复辟君主制，大革命的大部分成果将会得而复失。实际上，假设历史上没有波拿巴，我想没人会认为督政府在一片萎靡中还能够支撑下去。督政府必定要被那些整天算计的保王党人的阴谋所颠覆，路易十八极有可能就此登上王位，而不必等到 16 年后。但在这 16 年期间，波拿巴把大革命原则落实到习俗和法律中，由此这些原则获得了强大的力量，从而使得复辟君主不敢造次，也不敢将财产归还给流亡贵族。

若路易十八当时直接取代督政府，那么事情就是另外一番模样了。路易十八恢复的是旧的专制制度，而为了废除这种制度，必然就要爆发新的革命。查理十世就是因为有了回归过去的天真想法而被赶下台的。

对波拿巴的专制感到愤怒是很幼稚的。旧体制让法国人民承受了各种暴政，共和体制的暴政则是有过之而无不及。专制成了常态。但只要不出现混乱，也就不会有人反抗。

大众在制造了无政府状态之后，又去寻找一个能令其摆脱无政府状态的领导者，这是大众心理的一条永恒的定律。波拿巴就是这种领导者。

二、执政府重塑法兰西

掌权之后，波拿巴便接手了一项艰巨的任务：重建满目疮痍、百废待兴的法国。雾月政变第二天，波拿巴几乎独自一人草拟了宪法，目的是让自己获得重建国家和整治乱党所需的绝对权力。一个月过后，宪法完成。

这部宪法就是所谓"八年宪法"，一直沿用至波拿巴的统治结束，其间只做了细微的改动。行政权归属于三位执政官，其中两位仅有建议权。第一执政官即波拿巴本人成了唯一的主人。他拥有任命部长、国务委员、大使、行政官员和政府公职人员的权力，拥有宣战或停战的权力。他还拥有立法权，因为只有他可以创立法律，随后这些法律会被提交给行政法院、法案评议委员会和立法院三个议会。第四个议会即元老院则退居幕后，充当起了宪法守卫者的角色。

无论波拿巴是否独裁，即便是独裁，但他在决定一件事之前，无论大小，都会与议会商议。在他的统治下，立法院并没有发挥出多大的影响力，但在没有和行政法院讨论的情况下，他不会签署任何一项决议。由最有学问的人组成的行政法院草拟法律，然后将其呈交给立法院，后者可以自主评判法律，因为投票表决都是秘密进行的。在波拿巴的统治下，行政法院几乎成了最高法院，甚至可以裁决大臣们的行为①。

这位新君主对行政法院非常信赖，因为它由各自领域内杰出的法学家组成。他过于看重心理分析，以至于极度怀疑由平民组成的平庸无能的大型议会。在他看来，在整个大革命时期，这些议会就是祸害。

波拿巴想要为民执政，却从不让民众参与，没有为其在政府中安排任何职位，只为民众保留了投票支持或反对修宪的权力后便一了百了。只有在极少数的情况下他才诉诸全民公投。立法院的议员也是由议员们推荐而非由人民选举产生。

第一执政官创立新宪法，旨在巩固他自己的权力，而没有奢望以此来服务于国家重建。他在草拟宪法的同时，还着手进行一项宏大的工程，这就是行政、司法和财政的重组。各种权力都集中到了巴黎。每个省都由省长管理并由一个省议会协助；每个区则由一名区长管理并由一个区议会协助；每个市镇则由一名市长管理并由一个市镇议会协助。所有官员均由部长们任命，而不像在共和国时期那样由选举产生。

这套制度赋予国家以绝对权力和高度的中央集权，它被所有的政体所采用并且沿用至今。中央集权尽管有其明显的缺陷，但它却是一

―――――――――

① 波拿巴虽然经常能够把自己的意志强加给行政法院，但并非次次都能如愿。据《圣赫勒拿岛回忆录》记载，有一次他在自己的观点遭到所有人的反对之后说了如下的话："先生们，这次的声明你们都赞成，只有我一人反对，我应该让步；但我声明，从我内心而言，我只是在形式上让步，你们可以迫使我沉默，但却无法使我信服。"

另一次，皇帝在发言时三次被打断，于是他走向了打断他发言的人，郑重其事地对他说道："先生，我还没有讲完，请您让我把话讲完。毕竟，在场的每个人都有权发表自己的观点。"

……"与一般的看法相反，这位皇帝并不专权，他对行政法院的态度特别的随和，他曾经不止一次地把已经决定了的事情再次提交讨论或加以废除，因为行政法院中的某位成员给他提出了新的理由，或者是皇帝依靠自己的观点说服某个成员，继而说服了其他人。"

个严重分裂的国家避免地方专制的唯一手段，因而一直得以保留。

这种组织架构是建立在对法国人的心理深入了解的基础之上的，立刻就让久违了的安宁和秩序得到了恢复。

为了稳定人心，被流放的人被赦免，教会又回到了教徒的手上。

在重建社会的同时，波拿巴还在编纂一本法典。法典的大部分内容源于旧体制的习惯法。有人曾说过，这部法典是"新法与旧法之间的一种妥协"。

面对第一执政官在这么短的时间内所完成的浩大工程，人们明白，为了完成这项任务，他必须要有一部宪法赋予自己以绝对权力。若把重塑法国的一切措施都交由律师议会来决议，那么他永远也无法把法兰西从混乱中解救出来。

"八年宪法"显然将共和政体变成为了君主政体，其专制不亚于路易十四的天授神权。作为唯一顺应时代要求的宪法，它彰显的其实是一种心理上的需求。

三、决定执政府执政成功的心理因素

经济的、历史的和地理的等一切外部力量都会对人产生影响，并最终都转化为心理力量。为了更好地统治，需要对这些心理力量加以了解。革命议会完全忽略了这些心理力量。波拿巴却懂得运用它们。

各类议会，尤其是国民公会，都是由对立的党派组成。拿破仑明白，为了驾驭这些党派，他不能加入其中任何一个派别。波拿巴深知，一个国家的财富就是散布在各派别中的精英分子，他要设法任用这些精英。如部长、省长、行政长官等政府官员，都是仅凭各自的才能，不拘一格地从自由党、保王党和雅各宾派等派别中挑选出来的。

波拿巴不排斥与旧体制的人合作，不过与此同时，他要真诚地告知他要保留大革命的基本原则，许多保王党人由此也被新政体招至麾下。

从心理学的角度来看，执政府最卓越的功劳之一就是恢复了宗教和平。造成法国分裂的主要分歧是宗教分歧，而非政治分歧。武装冲突几乎完全结束，但人心不稳，因而在旺代省的部分地区依旧出现有计划的破坏。唯有一人即基督教的首脑才有能力安抚人心。波拿巴立刻与之进行了商谈。二者所达成的"政教协议"（Concordat）可谓名副其实的心理学的杰作，因为波拿巴明白，无法以暴力来对付道德力量，迫害道德力量也是极端危险的。在安抚教士的同时，他也把教士阶层置于自己的统治之下。主教由国家任命并支付报酬，波拿巴依旧是国家的主人。

波拿巴的宗教妥协意义重大，但如今的雅各宾派依然不得要领。他们被狭隘的狂热蒙蔽了双眼，雅各宾派不明白，如将教会从政府中分离出去就相当于创造了一个国中国，这个国中国有朝一日将会成为一个可怕的对手，一个由外人领导的且必定敌视法国的对手。放任敌人为所欲为是相当危险的。无论是波拿巴，还是之前的天主教领袖，都绝不同意让教士阶层像今天一样不受国家的领导。

第一执政官波拿巴面临的难题要远多于他称帝后所面临的难题。只是他对人心的深刻认识帮他克服了这些困难。当然这位未来的主宰还远未成功。一些省份依旧处于暴乱之中。盗匪依旧四处横行，法国南部地区惨遭党派斗争的蹂躏。波拿巴执政官必须得驾驭好塔列朗（Talleyrand）、富歇和一些自认为能与之平起平坐的将军们。甚而连他的兄弟们也在觊觎他的权力。波拿巴在做了皇帝后没有任何一个政党堪称是其对手，但作为执政官，每一个党派都是他的劲敌，他必须设法在其中维持某种平衡。这项任务应该十分艰巨，因为一个世纪以来，鲜有政府能够实现这种平衡。

要想成功地完成这项任务，须十分巧妙地综合运用计谋、威望和交际手段。但波拿巴仍觉得没有把握，于是他为自己确立了一条规则，套用他自己的话，这就是"按照多数人的意愿来统治他们"。不过在成为皇帝后，他便按照自己的想法去统治了。

极其盲目的历史学家们与才华横溢但心理学欠佳的伟大诗人们群情汹涌反对雾月政变的时代已经离我们远去了。没有超人的想象便很难读懂"法兰西在穑月①的阳光下是美丽的"，没有鲜活的幻想便无法

---

① 法兰西共和历的 10 月份，也称获月，相当于公历 6 月 19～20 日至 7 月 19～20 日。——译注

像维克多·雨果那样来判读这段时期。我们清楚，积极参与"雾月之罪"的同谋不仅有政府自己，还有摆脱了无政府状态的整个法国。

人们在问，为何这些聪明人会把如此清晰的一段历史评价得如此不堪。答案或许是他们基于自己的信仰来看待这些事。我们知道，在执迷于信仰的人眼里，真相会变得面目全非，最明显的事实会变得晦暗不清，事件的历史也会变成梦呓般的历史。

我们对执政府时期的轮廓做了粗略的勾勒，心理学家只有在没有任何党派倾向、没有党派狂热的情况下才能了解这个时期，且不应想着要去批判这一段情非得已的过去。波拿巴让法国付出了惨重代价，他的英雄史诗被两次入侵战争画上了句号，他的英名在其殁后庇护其子嗣登上了王位，而他的子嗣发动的第三次入侵战争至今依旧贻害无穷。

所有重大事件其起因间都有一种内在的联系。一个民族的演变，一个理想的变更，其代价便是这类重大事件。人类绝不能在一夜之间与祖先决裂，也不要彻底打乱人类历史的进程。

第三章　传统惯例与革命原则百年冲突的后果

一、法国革命运动不断的心理因素

研究一下革命思想一个世纪以来的演变，我们便会发现，五十多年来，革命思想在不同阶层中的传播是如此之慢。

在半个多世纪里，绝大多数的民众和资产阶级都排斥革命思想，革命思想的传播仅局限在少数的信徒之间。在此期间，由于政府应对失策，革命思想的影响力已经强大到足够挑起数次革命。现在就先来研究一下促使革命爆发的心理因素，稍后再对这些革命进行总结。

无论我们是否承认，法国一个世纪以来政治动荡的历史便足以证明：人类是受自己心理因素的驱使，而非受外部强加的社会体制所支配。

法国接连不断的革命是法兰西民族中两拨心理状态迥异的人群之间争斗的产物。一部分人长期受祖辈的影响，信奉宗教和君主制；另一部分人虽然也经受了同样的影响，但他们却把这些影响当成了革命的对象。

从大革命一开始，截然相反的心理状态之间的斗争就明显地表露出来。我们已经看到，尽管有残酷的镇压，但起义和谋反一直持续到督政府统治末期。这表明，过去的传统对人类灵魂的影响是多么深。在某个时期竟有六十个省同时发动反抗新政体的起义，经过大范围一再屠杀后才得以消停。

在旧政体和新思想之间达成某种妥协是波拿巴遇到的最难解决的问题。由此，他需要找到一些对造成法兰西分裂的两种心理都适用的制度。为此，他采用了折中调和的办法，他将古老的事物冠以新的名字，最后我们看到，他成功了。

在法国的历史中，他的统治时期是一段罕见的法国精神完全统一的时期。

但这种统一并不长久。在他下台的第二天，以前的党派全都东山再起并一直活跃至今。一些党派顺应传统的影响，另一些则竭力排斥传统的影响。

长时间的冲突不可能发生在信徒和对宗教冷漠的人之间，因为冷漠者总是宽容的，冲突不会持久，事实上，只有相互对立的信徒间才会有长时间的冲突。世俗教会很快便有了一副宗教的外衣，它所宣称的理性主义已经变成了某种形式的主义，尤其在如今，直截了当地说，变成了某种形式的最狭隘的教权主义。而且我们已经注意到，不同的宗教信仰间没有任何和解的可能。掌权后的教权主义者对自由思考者，不可能像后者如今对待他们那样的宽容大度。

在这些由于不同信仰导致的分歧上，又叠加了源自不同信仰的政治概念上的分歧。

许多单纯的人一直认为，真正的法国历史是从共和元年开始的。如今坚持这种肤浅想法的人几乎没有了。就连最刻板的革命者们也摒弃了这种想法①，他们甚至还认识到，过去并非一个迷信盛行的野蛮黑暗的时代。

在法国，政治信仰大多源于宗教，宗教使得这类政治信仰的信徒们心中充满难以遏制的仇恨，这种仇恨一直让外国人惊讶不已。

巴里特－温德尔（Barret-Wendell）先生在其有关法国的书中写道："保王党人、革命者和波拿巴主义者不仅誓不两立，而且身为性格冲动的法国人，他们还对彼此的认知能力一直怀有一种深深的厌恶。自认为掌握真理的人不由自主地断定：和他们想法不同的人都是谬误的帮凶。这是再清楚不过、再确定不过的事实。每个党派都会严肃地

---

① 要评价近来的思想演化，可以参考饶勒斯（Jaurès）先生在众议院发表的一篇演讲的片段："如今的辉煌是过去努力的结果，法兰西不是一天也不是一个时代就能够概括得了的，它是通过经年累月，朝朝夕夕，一步步形成的。"

告诉您，对立方的捍卫者都是极其愚蠢的人或刻意的撒谎者。而当您遇到这些捍卫者们时，他们也会对您说同样的话来评价他们的对手，您不得不承认，的的确确，他们既不愚蠢也没刻意撒谎……"

各党派信徒彼此间的这种憎恨，使得法国政府和内阁的更替成了家常便饭。少数党从不会拒绝结成联盟来反对执政党。我们知道大批社会主义革命者入选现今的议会，靠的就是比大革命时代聪明不了多少的君主专制主义者们的帮助。

宗教与政治上的冲突并非法国不和的唯一原因。挑起这些冲突的人都有一种特定的心理，即之前描述过的"革命心理"。我们知道，每个时代总会有一些人，他们总想着要推翻既定的秩序，而无论这种秩序是什么，即便这种秩序符合他们的愿望。

在法国，党派间的不包容以及对权力的渴望，被自大革命时起就广泛传播的信念——依靠法律来重塑社会——放大了。一个现代国家，无论谁当首脑，在民众和领导人眼中，它都有一种神秘主义的力量，它是神的意志的化身，它是以往历代君主的继承人。对政府力量的这种信心不仅感染了人民，也感染了所有的立法者①。

尽管疲于立法，但政治家们仍不明白的是：制度是结果而不是原因，制度本身没有任何道德约束力。伟大革命幻想的继承者们没有看到，人是由过去所创造的，我们无法重置过去的根基。

原则间的冲突持续了一个多世纪，并造成了法国的分裂，未来仍将会长时间继续下去，没有人能够预见这种冲突会导致什么样的新动荡。如果本纪元前的雅典人能预测到他们的社会冲突将导致希腊被奴役，他们一定会停止纷争，可他们又怎么会预见到这个结局呢？吉罗（Guiraud）先生一针见血地指出："每代人都极少能明白其使命。每代人所为之奋斗的未来常与他们所想的背道而驰。"

---

① 在我发表了一篇有关立法妄想的文章后，我收到了当今杰出的政治家、参议员布德努（Boudenoot）先生的来信，信中内容摘录部分如下："众议院和参议院二十年的经历让我明白，您所言不虚；我曾多次听到同事对我说'政府应该这样，应该那样。这是政府的错'等一类的话。但在我们的血液中，君主专制意识已经流淌了长达十四个世纪。您又能怎么样？"

二、法国革命运动百年回顾

在解释了法国一个世纪以来革命运动的心理原因之后，现在可以对接连不断的革命做一个简单的总结。

在战胜了波拿巴之后，反法联盟的君主们把法国恢复到了原来的疆界，把唯一的王位人选路易十八扶上了王位。

根据一个特别的宪章，新国王接受代议制并成为立宪制君王。他认可所有的大革命成果如民事法典、法律面前人人平等、信仰自由、对变卖的国家财产不予追究，且只有支付了一定税款的纳税人才有选举的资格等。

这部自由宪法遭到极端保王党分子的攻击。前政权流亡分子想重新拥有国家财产，并恢复他们曾有的特权。

出于担心这种局面会引发新一轮的革命，路易十八不得不解散众议院，并推选温和派的议员，这样路易十八就能在不触动大革命基本原则的情况下继续统治，因为他深知，要把法国人带回到旧政体中，这无异于逼其造反。

不幸的是，1824 年路易十八逝世，前阿图瓦（Artois）伯爵查理十世登上了王位。十分狭隘的查理十世无法理解身边的新世界，并自诩自 1789 年以来他的理念不曾有丝毫的改变，他准备了一系列反动的法律议案：给予流亡分子十亿里弗赔款、强化亵渎法、恢复嫡长子权、教士权等。

由于大部分议员日复一日地反对他的计划，于是在 1830 年，他颁布了解散众议院的法令，取消了言论自由，并准备复辟旧制。

这一君主专制的举措立即引发了反应，所有党派的领导人开始了联盟。为发动巴黎人民起义，共和主义者、波拿巴主义者、自由保王党人联合到了一起。法令颁布四天后，起义者们成了首都的主人，而查理十世逃往英国。

运动的领导者如梯也尔、卡西米尔－贝利耶（Casimir-Périer）、拉法叶特（Lafayette）等人，将被冷落的路易－菲利普（Louis-Philippe）

召到巴黎并任命他为法兰西国王。

面对人民的冷漠和效忠正统王朝的贵族们的敌视，这位新国王只能依靠资产阶级。在一项选举法将选举人数缩减至不足二十万人后，这一阶级在政府中独大。

不过国王的处境并不轻松。他要对付拥护亨利五世即查理十世孙子的正统主义者，对付以皇帝侄子路易－拿破仑为首的波拿巴主义者，还要对付共和主义者。

在 1830～1840 年期间，与大革命俱乐部类似的秘密社团挑起了无数次的骚乱，不过都很快被镇压下去。

但正统主义者和教权主义者并未停止他们的密谋。亨利五世的母亲德贝利女爵（de Berry）试图在旺代地区起义，结果失败。至于教士阶级，他们在要求得不到满足的情况下，气急败坏地发动了一场起义，巴黎大主教府就是在这次起义中被毁掉的。

共和主义者构成的威胁不大，因为在与他们的斗争中，众议院站在国王一边。首相基佐（Guizot）支持强权，他声称统治有两样东西必不可少："理性和大炮。"这位著名的政治人物肯定对理性有所幻想。

这个"强势政府"实质上一点也不强势，共和主义者，尤其是社会主义者，他们依旧蠢蠢欲动。最具影响力的人物之一，路易·布朗（Louis Blanc）声称政府有义务给所有的公民提供工作。拉科代尔（Lacordaire）和蒙塔朗贝（Montalembert）所领导的天主教派与社会主义者联合起来一致对付政府，这和如今比利时的情形一样。

1848 年，一场拥护选举改革的运动引发了一场暴动，意外地推翻了路易－菲利普。

路易－菲利普的倒台要比查理十世的倒台更加难以解释。人们对他几乎无可加以指责。诚然，他不信任普选，但法国大革命更不信任普选。路易－菲利普并不像督政府那样独裁，因此，无法像后者那样随意废止妨碍他的选举。

在巴黎市政厅成立了一个临时政府，以取代被推翻的君王。临时政府宣告成立共和国，建立普选制度，并规定由人民选出国民议会的九百名议员。

临时政府从成立之日起就成了社会主义者密谋与暴动的目标。

曾在第一次大革命期间出现过的心理学现象再度呈现出来。一些俱乐部形成了，俱乐部的领导人鼓动民众冲击议会，动机五花八门，一般毫无常理可言，如迫使政府支持波兰起义等。

为了安抚一天比一天急迫和聒噪的社会主义者，议会组建了国有工厂，工人们在此可以从事各种劳动。有人算过，为了这十万名工人，国家每周的花费超过一百万里弗。

工人接着提出不劳而获的要求，这让议会不得不关闭了工厂。

这一举措成了一次可怖的暴动的导火索。五万名工人参与造反。议会受到了惊吓，将所有行政权交与卡芬雅克（Cavaignac）将军。在持续四天的镇压闹事分子的冲突中，三名将军和巴黎大主教丧生。根据议会法令，三千名被捕者被流放到阿尔及利亚。受此打击，革命社会主义一蹶不振长达五十年。

这些事件使得国家公债价格从 116 里弗跌至 50 里弗，商业停滞。受到社会主义者威胁的农民以及税收被议会提高一半的资产阶级，转而反对共和国，当路易—拿破仑承诺重建秩序时，受到了热烈的响应。根据新宪法，共和国的总统候选人需要由全体公民选举产生，路易—拿破仑获得五百五十万张选票当选。

不久，因为和议院的矛盾，路易—拿破仑决定发动政变，议会被解散，三万人被逮捕，一万人被流放，一部分议员被驱逐。

这场政变尽管草率，然而却受到广泛的认可，因为在提交全民表决中，这场政变获得了八百万张选票中的七百五十万张。

1852 年 12 月 2 日，拿破仑三世被大多数人拥立为皇帝。法国民众对蛊惑人心的政客和社会主义者的憎恶促成了帝国的复辟。

在帝国成立初期，拿破仑三世延续了专制体制，在后期则采用了自由政体。这位皇帝在位十八年，在色当战败投降后，于 1870 年 9 月 4 日被革命推翻。

自此以后，革命运动便很少发生了；唯一的一次重大革命就是 1871 年 3 月革命，在这场革命中，巴黎部分古迹被焚毁，约两万名起义者被处死。

1870 年战争之后，经历如此多劫难且不知道谁能靠得住的选举者们，把众多正统主义者、奥尔良党人选进了制宪议会。由于无法在重建君主制一事上达成一致意见，他们任命梯也尔先生为共和国总统，随后麦克－马洪（Mac-Mahon）元帅接替他出任总统。1876 年，新一轮的选举将一大批共和主义者送进了议院，且以后的选举都是如此。

自此之后，先后出现的议会都是派系林立，由此导致政府频繁更替。

不过，正是因为这种分裂而形成的派系间的平衡，我们才享受到了长达四十年的相对的安宁。共和国的四位总统都不是被革命所推翻的，像南部和香槟地区那样的暴动也不会引起严重的后果。

1888 年，一场声势浩大的支持布朗热（Boulanger）将军的人民运动差点推翻了共和国，不过共和国打退了来自所有党派的进攻，最终还是安然无恙。

共和国能维持下去的原因很多。首先，参与角斗的派系没有谁强大到能以一己之力力克群雄。其次，国家的元首仅是名义上的，他并不拥有实权，我们不能把所遭的罪归咎于他，即便推翻了他，也不能保证能有所改变。最后，权力被分散到成千上万人的手中，责任由此也被稀释，很难界定谁该承担责任。人们可以推翻一个暴君，但却无法推翻一群不知名的小暴君。

如果要用一句话来概括一个世纪以来起义和革命在法国引发的巨大变化，那就是：用强大的难以摧毁的集体专制取代了脆弱的不堪一击的个人专制。在渴望平等并习惯将所有责任都推给政府的人民看来，个人专制是令人难以容忍的，而集体专制则较为容易接受，尽管通常它更加强硬。

国家主义专制的扩大是我们各种革命的最终结果，是法国先后出现的所有政体的共同特点。这种专制形式被认为是一种民族理想，法国持续的动荡只使得这种专制形式得到强化。国家主义是拉丁民族真正的政治体制，是唯一得到所有选票支持的体制。其他的政府形式如共和制、君主制、帝国，都是空洞的标签，是无为的影子政体。

第三部分

革命原则在当代的演变

第一章　大革命以来民主信仰的变迁

一、大革命后民主思想缓慢传播

深入人心的民主思想可以影响好几代人。在法国大革命中形成的思想也符合这条规律。

法国大革命行使政府职能的时间虽然非常短暂，但其革命原则的影响却很深远。它如宗教信仰一般，影响着几代人的思想和情感走向。尽管偶有间断，但法国大革命依旧在挫折中延续。波拿巴不仅要颠覆世界、改变欧洲版图，他还要再现亚历山大的辉煌。他将法国大革命确立的新人民权利固化为制度和法典，这对后世产生了深远而广泛的影响。军事上的建树很快便灰飞烟灭了，但他所传播的革命原则却流传了下来。

继法兰西第一帝国之后接踵而来的复辟让人们几乎忘记了革命原则。在五十年期间，革命原则的传播相当缓慢，或许可以说，革命原则已经被人废弃。只有少部分的理论家还依据这些原则行事。作为纯粹的雅各宾思想的传承人，他们也认为可以通过法律来重塑社会，而且还坚信第一帝国只是革命事业的中断，他们希望重续革命。

他们期盼着能够重启革命，竭力以写作来传播革命原则。他们忠实地追随着革命者，却从不考虑他们的改革计划是否符合人性。他们为理想的人类建立了一个空想社会，他们坚信，只要他们的梦想实现了，人类就可以获得新生。

各个时代的理论家们虽没本事去建设一个社会，但却能够摧毁一个社会。波拿巴在圣赫勒拿岛曾断言："即便君主制像花岗石一样坚固，空想家们也可以将其击得粉碎。"

在圣西门（Saint-Simon）、傅立叶（Fourier）、皮埃尔·勒鲁
（Pierre Leroux）、路易·布朗（Louis Blanc）、基内（Quinet）等一类
杰出的空想家群体中，只有奥古斯特·孔德（Auguste Comte）明白
思想和道德的转变必须要先于政治的变革。这个时期的空想家所进行
的改革计划不仅没有促进民主思想的传播，反而延缓了民主进程。有
些空想家还声称，为了实现共产社会主义，要重新进行大革命，结果
不但资产阶级，甚至连工人阶级都受到了惊吓。我们注意到，这种惊
吓是导致帝国复辟的一个主要原因。

虽然 19 世纪上半叶的政治写手们费尽心思得出的空想理论不值得
讨论，但为了探究一下在如今被人不屑一顾的宗教观、道德观的作用，
对这些空想理论做个大致了解还是必要的。改革家们坚信，新社会与
旧社会一样，若没有宗教与道德信仰，便会一事无成，因而他们总是
热衷于建设宗教与道德信仰。

但根据什么来建设呢？毫无疑问，当然是理性。既然利用理性可
以造出复杂的机器，为何不能用理性造出表面上看起来更为简单的宗
教与道德呢？没人去质疑宗教与道德信仰是否是以理性为逻辑基础。
奥古斯特·孔德本人没看到其中有多少理性。我们知道孔德创办了所
谓实证教①，而且还有 6 名信徒。他们设想以一位新教皇来代替天主
教教皇、来领导教士。

我在此重申，理论家们的一切政治、宗教及道德的观念，在漫长
的时间里，只会让民众疏远民主原则。如果民主原则最终得到大范围
的传播，这也不是理论家的功劳，而是新出现的生活环境使然。得益
于科学发明，工业得以发展，大量工厂得以建立。政府、人民的考量
逐步放在经济发展上，并最终为社会主义尤其是工会运动——当代的
民主形式——的发展创造出一个良好的环境。

---

① 实证教也称人道教，是孔德晚年创立的，他试图以此来维持社会秩序和
促进社会进步，但这仅是乌托邦的设想。——译注

二、大革命三个基本原则的不同结局

可以将法国大革命的遗产概括为一句格言：自由、平等、博爱。

如前所述，"平等"原则的影响巨大，"自由"与"博爱"不可与之同日而语。

虽然词语浅显易懂，但对其理解总是因时、因人而异。对于同一词汇，不同精神状态的人会有不同的解释，这是历史冲突频发的主要成因。

对于国民公会而言，"自由"是指可以随心所欲地实行专制统治。对于一位年轻的现代知识分子而言，"自由"意味着可以打破一切束缚他的东西，如打破传统、法律、特权等。对于现代政治雅各宾主义者而言，"自由"则意味着可以迫害自己的反对者。

政治演说家们在演说中还会时常谈及自由，但已不再提及博爱。他们教导的是阶级斗争，而非和睦相亲。这加深了不同的社会阶层及其所属政党间的仇恨，加剧了彼此间的分裂。

自由原则变得愈发模糊，博爱原则业已荡然无存，唯有平等原则欣欣向荣。在历经一个世纪的政治动荡之后，法国不但依然坚持平等原则，并且还大大发展了平等原则，使之成为我们的政治生活、社会生活、法律、道德、习俗的基石，至少理论上是这样。它是名副其实的大革命遗产。最近发生的民主革命，即社会主义，它不仅主张法律上的平等，还主张地位与财富的平等。生物学、经济学历来强调优胜劣汰，但人类却与此相反，对平等的强烈渴求让平等原则大行其道。情感与理性的缠斗进入了新的阶段，在此阶段，理性难敌情感。

三、知识分子的民主和人民大众的民主

一切颠覆世界的思想都逃不脱两个规律：一是这类思想的演化缓慢；二是这类思想会因受众精神状态上的差异，而变得意义完全不同。

一种信条犹如一种生物。它只活在变化中。书本必然无法及时应

对这些变化，沉积在书中的只有过去的事物，书本只能描述死了的过去，而从不反映活的现实世界。涉及信条的文字叙述通常呈现的都是其中最无关紧要的东西。

我在另一本书中曾阐述过制度、语言、艺术在不同民族之间的演变过程，且还一并指出这些变化的规律与书本中所讲的是多么的不同。在此，我想解释一下为什么我在研究民主思想时很少关注成文的信条，而只研究信条背后的心理要素以及接受这些信条的各类人的反应。

同一个原理，在具有不同的精神状态的人看来，其意义千差万别，它似乎是一种随处可贴的标签。

这类原则不仅可以用来解释宗教信仰，还可以用来解释政治信仰。比如，当涉及"民主"时，应该研究一下"民主"一词在不同民族中的具体含义以及在同一个民族中，知识分子的民主与大众的民主是否存在着巨大差异。

现在我们来谈谈大众的民主。很显然，书本与报纸中的民主思想都是文人们的纯理论，普通民众对此不了解，而且普通民众也无法从中得到任何好处。理论上，工人阶级可以通过竞赛与考试来突破横亘在不同阶级之间的藩篱，但这样的机会却微乎其微。

知识分子民主的唯一目的就是建立选拔制度以选拔领导阶级。且不说这种选拔是否是真实的，但它贯彻的却是波拿巴的格言"政府的实质就是以民主形式实行精英统治"。

不幸的是，知识分子的民主其结果只是由极度专制、狭隘的寡头政治取代了国王的天授神权，然而推动"自由"的目的不在于以一种专制来代替另一种专制。

与前者一样，大众的民主绝不是为了推出领导者。大众的民主竭力主张"平等"、要求改善工人命运，因此它不能接受"博爱"，它不在意"自由"。大众的民主只认可专制的政府，人们不但可以从大革命以来出现的所有专制政府都大受欢迎这个现象中看到这一点，更能从领导工会的专制方式中觉察到这一点。

知识分子民主与大众民主的巨大差异，工人阶级比知识分子看得更清楚。二者在精神上没有任何的共性，二者说着不同的语言。工会今天还特别申明不可能与任何资产阶级政客结盟。这番话说得斩钉截铁。

实际情况历来如此，这或许就是自柏拉图至今的大思想家们绝口不替大众民主辩护的原因。

这一现象使埃米尔·法居特（Emile Faguet）感到震惊，他说："几乎所有 19 世纪的思想家都不是民主主义者。在我写《十九世纪的伦理学家与政治》（*Politiques et Moralistes du 19 Siècle*）一书时，我希望找一位民主主义者，向其请教他的民主信念，但结果一个都没找到，这让我非常失望。"

这位优秀的作家肯定可以从职业政治家中找到很多民主主义者，但职业政治家是思想家的却是凤毛麟角。

四、与生俱来的不平等和民主平等化

如何调和与生俱来的不平等与民主平等化是当今世界最大的难题之一。我们很清楚民主的诉求。让我们看看自然界对此有何反应。

从古希腊英雄时代直至当代，那些撼动世界的民主思想一直绕不过"与生俱来的不平等"这道坎。少有观察者对爱尔维修（Helvétius）提出的"教育造成了人与人之间的不平等"表示赞同。

事实上，自然界根本不懂得什么是平等。天赋、美貌、健康、活力、智慧总是因人而异，但拥有这些的人往往拥有更多的优势。

任何理论都改变不了这些差异，除非遗传法则能够均分人的能力，否则民主信念只能停留在文字中。

连自然界都拒绝平等，难道社会就可以人为地建立起平等来？

部分理论家一直认为教育可以实现全民平等，但多年的经验表明，这只是天方夜谭。

不过，风头正劲的社会主义可以通过清除全部的精英从而实现暂时的平等，这点也不是不可能。如果一个民族压制自己的精英，而其周围的国家却在依靠精英发展，那么这个民族的未来显而易见。

自然不仅不懂平等，而且还始终强化等级差异，也即扩大不平等，来实现发展。只有不平等才使得地质时期的低级细胞进化为高等生物，而高等生物的创造力可以改变地球的面貌。

在社会中同样也有这种现象。不过从百姓阶层中选拔人才的民主形式最终还是会出现一个知识精英阶层，但这却违背了理论家们欲将上层和下层人民一视同仁的初衷。

在不受平等原则规约的自然规则之外，又出现了有利于现代化发展的条件。科学与工业的发展对知识的要求越来越高，这造成的人与人之间以及人的社会地位之间的差距日益加大。

人们惊奇地发现，尽管法律和制度要求人与人的平等，但文明的发展却倾向于加深不平等。农民与封建男爵的智商差距不大，但工人与工程师的知识差距却在日益加大。能力逐渐成为发展的要素，由此，各个阶层的精英们的地位不断提高，而平庸者只能原地踏步或地位下降。面对这种必然性，法律又能怎么样？

能力不济者即便声称人多势众也无济于事，如果没有研究所侧重的高人一等的大脑，他们很快便会陷入贫苦与混乱之中。

精英们在现代文明中的关键作用无须多言。文明国家和野蛮民族都存在着一群平庸者，文明国家的真正优势仅仅在于拥有精英。美国充分理解了这一点，因而它禁止中国工人进入其领土。中国工人与美国工人的能力相当，对薪资要求低，势必会成为美国本土工人的劲敌。

尽管世人皆知这个道理，但精英与民众之间的冲突依旧日渐激烈。没有哪个时代对精英的需求有这么大，但他们的境遇也从未有如此的艰难。

第二章　推进民主的结果

一、缺乏理性价值观对社会演化的影响

大家知道自然法则与民主愿望并不一致，但人类头脑中早已固化的法理并不因此而受到触动。人类只会坚持自己的信念而不会考虑它的实际价值。

研究这种信仰的哲学家理应讨论其中所包含的理性，并特别关注它对人的影响。

在对历史上的主要信仰进行阐释时，做这种区分尤为重要。从理性的角度来看，朱庇特（Jupiter）①、摩洛神（Moloch）②、毗湿奴（Vichnou）③ 等一系列的神灵只是一些朴素的幻象，然而它们对人类生活的影响却是不可低估的。

也可以运用这种区分对那些在中世纪流行的且有成千上万人顶礼

---

① Jupiter，也即宙斯（Zeus），希腊神话中的主神，第三任神王；克洛诺斯和瑞亚之子，掌管天界。——译注

② 古代迦南市民们聚集时敬拜的一尊青铜神像，圣经称之为"摩洛神"。摩洛神又称巴力，是个长着牛头的风暴之王，摩洛神能带来毁灭性的洪水或干旱，人们要以活的婴儿做祭品来祭拜它。——译注

③ 也译为维湿奴、维修奴，也称诃利（Hari）、幻惑天王、那罗延，佛教称为遍入天，印度教三相神之一，梵天主管"创造"、大自在天湿婆主掌"毁灭"，而毗湿奴天即是"维护"之神。印度人大多信仰湿婆，另不少人信奉毗湿奴，故印度神话故事因作者派系不同，常有扬此贬彼之情况。依照印度教的说法，毗湿奴拥有十种化身，佛教的创始者释迦牟尼佛也是毗湿奴的第九个化身，宣导独特的言论，以迷惑罗刹等恶鬼神，维护世界的秩序。——译注

膜拜的信仰加以阐释。这些信仰影响深远，好像现实中真的存在过，尽管它们也是幻象。

若有谁对此心存疑虑，那么只要对比一下罗马帝国统治与罗马天主教会统治便可释怀。前者具体而真实，不存在任何虚幻。后者尽管基于想象之上，却也同样强大。在漫长而黑暗的中世纪，多亏了教会，那些半开化的民族才接受了各种社会规范，若没有这些规范，文明也将无从谈起。

教会的强势表明，某些幻象的力量是十分强大的，甚至强大到可以催生出——至少在短期内可以做到——与社会利益、个人利益格格不入的一些情感，比如，迷恋修道士生活、渴望殉道、参加十字军东征以及宗教战争等。

把上述思考运用于隶属民主思想的社会主义思想，人们便可得知，即使这些思想无任何坚实的基础也无妨，只要它们能震撼灵魂就足够了。即便后果是灾难性的，我们也只能望洋兴叹，听之任之。

新信念的倡导者们没有必要为信仰去寻找理性基础，那等于自寻烦恼。他们只要做一些断言，让人们有所期待，便足以说服很多人。但其中真正发挥作用的是存在于人们心中的固有的宗教意识，经年累月中，只有崇拜的对象在改变。从哲学角度来简单审视一下民主演化的种种结果，可以发现民主进程在不断地加快。可以说，中世纪的教会对人们的精神有着强大的影响力。而从民主理念的结果来看，它们的影响力同样也不容小觑。

二、雅各宾思想和民主信仰心理

当代人不仅继承了革命原则，还继承了使革命原则获胜的特殊心理。

在研究雅各宾思想时曾描述过这种心理，我们发现，这种心理把幻想当作真理加以强行推行。最终，雅各宾思想在法国和拉丁区变得十分普遍，征服了包括最保守的党派在内的所有政党。资产阶级深受这种思想的影响，民众则更胜一筹。

雅各宾思想的蔓延使得人们倾向于借助暴力来施行一切政治观念、制度和法律。因而，在其他国家进行的和平而有序的工会运动，一到法国就变得咄咄逼人、难以驾驭，变成骚乱、怠工与纵火。

雅各宾思想深深腐蚀了普通民众的头脑，懦弱的政府对此无可奈何。在最近一次铁路职工代表大会中，有三分之一的人赞成怠工，大会的一名书记还以"请允许我向所有怠工者致以最诚挚的敬意"作为自己的开场白。

这种普遍心理导致社会越来越混乱。我之前指出，法国之所以没有陷入不断的革命中，是因为瓜分法国的各路政党其彼此间势均力敌，它们之间互相仇视，任何一个政党都不足以制服对手。

雅各宾式的偏执四处蔓延，当权者可以肆无忌惮地借助暴力，用最彻底的方式来对付它们的敌人，也即对付那些稍有不从的政党，直至剥夺其财产。如今我们的统治者就像古代的征服者一样，不会给战败者留下任何念想。

偏执不是大众阶级的专利，统治阶级也是如此。米什莱很早就发现，有修养的人有时比普通民众更加暴力。他们或许不会去打碎路灯，但却随时准备让人的脑袋落地。大革命中最令人发指的暴力便是由有修养的资产阶级、教授、律师等人所为，然而人们却指望那些接受传统教育的教授们让社会风气变得温和。

浏览大学教授们编辑的高水平的刊物便可明白，如今的传统教育在改变社会风气方面做得并不比大革命时代好多少。

他们的书籍和文章一样充满暴力，这些命运的宠儿为何会心生仇恨，这实在令人费解。

这些人若宣称自己深受利他主义影响，则很难令人信服。人们更愿意相信，撇开狭隘的宗教思想不谈，吸引当权者注意或者制造轰动效应才是他们在其作品中宣扬暴力的唯一可能的原因。

在以前的一部著述中，我曾引述过法兰西学院一名教授的著作中的章节，作者在书中猛烈抨击资产阶级并号召人们去抢夺资产阶级的财产，由此我得出结论，从这些信口雌黄的作家当中，很容易找到一场新的革命所需的马拉、罗伯斯庇尔和卡里耶等人。

雅各宾主义信仰，犹如古代的神，对那些混沌未开的人有着特别的吸引力。被这种信仰所蒙蔽的人均以理性为指南，而支配他们的唯有激情与幻想。

因此，民主思想的演变不仅引发了上文提及的政治运动，还对现代人的精神产生深远影响。

过去的宗教教义早就变得空洞无物，但民主理论不但不空洞，而且还遍地开花结果。其中的主要原因就是普遍存在的对优势群体的仇视心理。

从工人阶级到资产阶级精英阶层，在所有阶级中都充斥着一种仇视心理，仇视社会地位、财产、智慧不同一般的人。

于是造成嫉妒、诽谤、好斗、嘲笑、迫害横行，龌龊不断，人们不相信正直、无私、智慧。不管是普通民众还是知识分子，开口便是诋毁、贬损，连过世的先贤都不放过。曾被一个国家视为最宝贵遗产的伟人，也从来没遭受过这么多著述的诋毁。

嫉妒与仇视似乎是民主理论不可或缺的一部分，但此类情感的影响从未像如今这么大，它使每一位见证者都感到震惊。

布尔多（Bourdeau）描述道："有一种卑劣的蛊惑人心的天性，它毫无道德追求，它只想让人类社会不断堕落，由于这种天性，一切优势，甚至文化优势，都被视作对社会的冒犯，正是出于这种卑劣的平等情感，雅各宾派的刽子手才砍下拉瓦锡和谢尼耶的头颅。"

一场旷日持久的社会运动好比一种不断加速的机械运动。我们看到这种精神状态的后果变得日趋严重，这点体现在后果日益严重的事件之中：铁路工人罢工、邮政工人罢工、装甲舰爆炸，等等。谈及一分钟内造成五千多万里弗损失、两百多人当场死亡的"自由号"装甲舰的爆炸，前任海军部部长德·拉内桑（de Lanessan）做了如下表述：

> 侵蚀我们海军的恶，就是吞噬我们军队、行政、公用事业、议会体制、政府体制以及我们整个社会的恶，这种恶，就是无政府主义，也即精神与事物的无序，以至于一切都不按理性要求进

行，人们的行为举止也不再遵循职业要求与道德要求。

对在"耶拿号"（Iéna）事件后发生的"自由号"悲剧，巴黎市议会主席菲利克斯·鲁塞尔（Felix Roussel）在一次演讲中说道：

> 在我们的海军中出现这种恶的原因不足为奇，这种恶很普遍，它由三个名词组成：不负责任、无纪律、无政府主义。

这些引述在证实众所周知的事实的同时，还表明了共和政体的最坚定的捍卫者们已经察觉到社会的混乱状态①。对此，每个人都心知肚明，但又深知自己无力去改变。这说明，心理的影响力大于我们的意志力，社会混乱的状态是心理影响的结果。

三、普选及当选者

普选可能是民主信条中最基本的且特别具有诱惑力的一个。它向大众传达了平等的概念，至少，在短时间内，在投票箱面前，无论穷人还是富人，无论学者还是文盲，大家都是平等的。在投票处，一名部长会与其佣人中最卑微的一个并肩而立，在这短暂的一刻，两者的权利完全相同。

包括大革命时期政府在内的所有政府都惧怕普选。对于普选，事

---

①　所有的政府部门都存在着这种无序状态。人们可以从多赛（Dausset）先生提交给巴黎市议会的一份报告中找到很多有趣的例子。"应以高效服务为要务的公共路政部门却成了墨守成规、文牍主义、官僚主义的代名词，人财物都不缺，却把人财物耗费在无用的琐事上，没有秩序、没有创新、没有章法，总而言之一个词：无组织。"随后在谈及这类部门的那些随心所欲、意气用事的负责人时，他又说道："这些领导彼此之间完全不了解，他们只规划自己的项目，而不管不问其他部门的项目，没有人把他们召集起来做些协调工作。这也是为何一条路今天被挖开，明天被修补，过几天又被挖开的原因，因为水、电、气、排水等部门之间彼此嫉妒，从不想着去协调一致。这种无政府、无纪律的行为浪费惊人，如果私营企业这么干的话很快便会破产。"

实上从一开始便有很多的反对意见。普选意味着民众有权选择有管理能力的人。让品行一般、知识浅薄、思想狭隘的仅有人数上的优势的民众来评判候选人孰优孰劣，这似乎令人十分难以接受。

用帕斯卡（Pascal）的话来说"多数原则比较直观，让人信服，因而是最好的途径，但却是最愚蠢的主意……"从理性角度分析，少数服从多数的选举应该是有一定的道理的。

在当今时代，普选不可能被任何其他制度所代替，因而必须接受它、适应它。

反对普选是毫无意义的，应记住王后玛丽·卡罗琳娜（Marie Caroline）① 告诫与之作战的波拿巴的话："在开明时代，连一个鞋匠都与政府据理力争、指手画脚，没有比统治这些人更恐怖的事情了！"

其实，反对意见并不如表面那般强烈。大众心理的规律表明，那种认为有限选举给出的人选就要比普选出的人选优秀的说法是极不靠谱的。

大众心理的规律还表明，所谓普选其实是一种纯粹的空想。除了一些特定情况外，群众只会听从领导者的意见。因此，事实上普选是最有限的选举。

这正是危险所在。普选的危险表现为：参与普选的一些小的地方委员会，它们类似大革命时期的俱乐部，它们的创立者，成了普选的操纵者，谋取委任的人选由他们指派。

谋取委任的人一旦被任命，便会行使地方绝对权力，前提是满足其所属委员会的利益。出于这种要求，国家利益几乎被完全抛在一边。

很自然，委员会要的是温顺听话的傀儡，而不会选择天资聪颖的人，更不会选择品德十分高尚的人。他们需要的是性格平和、社会地

————————

① 玛丽·卡罗琳娜（1752—1814），罗马帝国皇帝弗朗索瓦一世与奥地利国母、女大公、匈牙利和波希米亚女王玛丽娅·特蕾莎之女，路易十六的王后玛丽·安托瓦内特的胞姐。1768 年与西班牙波旁王朝查理三世之子那不勒斯国王费迪南结婚成为那不勒斯王后，在那不勒斯推行"开明专制"。波拿巴军队在占领、统治那不勒斯时期遭到当地人的顽强抵抗，不久后便退出那不勒斯，玛丽王后有感而发说了上述话语。——译注

位低下、始终温顺的人。

于是乎，这些小团体赞助参选者，参选者则对其卑躬屈膝，唯命是从，若无赞助，参选者将什么都不是。参选者的政治抱负用一个词语来概括：听话才能干得久。

只有个别因名声、地位或财产而享有崇高威望的名流，才能不受把持着地方小委员会的少数胆大妄为者的专权的影响，成为普选中的赢家。

所有民主国家和法国一样，都仅在表面上实行普选。也正是这个原因，很多民众不感兴趣的也从不要求的法律，如收购西部铁路的议案、关于宗教组织的法律等，都获得了通过。这类荒谬的现象不过是狂热的地方小委员会提出要求且它们所挑选出来的代表不得不接受的结果。

观察所选出的代表们的所作所为，便可明白这类委员会的影响。温和的代表们被迫支持破坏军工厂的无政府主义者，以便与反军国主义者结盟，也就是说他们附和各种最恶劣的要求，只是为了确保自己连任。就这样，民主国家中最为卑劣的人的意志通过当选代表得到了确立，可以说，道德、习俗也会变得卑劣不堪。如尼采（Nietzsche）所说，政治家是政治的主人。

> 有政治（place publique）的地方，就会有伟大的喜剧演员的喧闹声，就会有毒蝇的嗡嗡声……喜剧演员只想达到最好的演出效果，只想获得人们的信任。明天，他有一个新的信仰，后天，他有一个更新的信仰……一切伟大都与政治无关，与荣誉无关。

四、改革需要

借助法令突然推行改革，是雅各宾精神中最具危害性的思想之一，是法国大革命最恐怖的遗产之一，是造成法国一个世纪以来动荡不安的主要因素之一。

　　弊端重重，但又难以厘清其中真实起因，这是人们一直渴望进行改革的心理诱因之一。为了解释改革的必要性，于是便编造出一些过于简单的牵强的理由，整治弊端的手段自然也就简单粗暴。

　　四十多年来，我们一直在进行改革，每一次改革都不亚于一场小型的革命。尽管改革不断，或者说正是由于改革，我们成了欧洲进步最小的民族之一。

　　通过不同民族的社会主要因素如经济、工业的对比，我们可以判断出我们的发展十分滞后。以德国为首的其他民族，发展十分迅速，而我们却步履蹒跚。

　　我们的行政、工业、商业组织太过老化，无法满足新的需求。我们的工业死气沉沉，海上贸易困难重重。尽管享有大量财政补贴，甚至在我们自己的殖民地，我们依然无法与外国竞争。前任商业部部长克吕皮（Cruppi）在其最近的一本书中强调了这种令人悲伤的颓败。接着他犯了常识性的错误，他认为可以借助新规则轻易扭转这些劣势。

　　所有的政治家都持有相同的观点，这也是我们发展十分缓慢的原因。每一个政党都坚信，可以通过改革解决所有问题。正是这种信仰使党派纷争不断，使法国成为这个世界上最分裂的也是最混乱的国家之一。

　　决定民族兴衰的不是规章制度，而是个人及其方式，这点无人能懂。卓有成效的改革，不在于进行革命性的变革，而在于日积月累的改进。像地质演变一样，一场巨大的社会变革需要时间不断地为它添砖加瓦。德国四十年的经济发展史以不容置疑的方式证明了这条规律的正确性。

　　尽管有些重大事件不乏运气的成分，但量变引起质变这点依然是毫无疑问的，战争就是这样的一个例子。一场决定性的战争有时可能不到一天就结束，但若想成功，则必须精心准备良久。我们在 1870 年有过一段惨痛的经历①，而后俄国也尝到了这个滋味。在那场关系日本命运的对马岛（Tsushima）的战役中，东乡平八郎（Togo）上将只

_____

　　①　是指 1870 年普鲁士大败法国的色当战役。——译注

用了半个小时就全歼了俄罗斯海军舰队，这次胜利正是由无数个长期准备的细节换来的。导致俄国失败的因素很多：和我们一样冗杂、不负责任的官僚机构，昂贵却质量低劣的设备，上上下下的腐败以及对国家利益的漠不关心等。决定民族繁荣的质变依赖于量变的积累，不幸的是，小事无法引起公众的注意，对政治家的选举也没有任何的帮助。政治家们总是无视这些小事、任其积累，最终酿成大祸，使得国家走向衰落。

五、民主国家的社会差异与各国民主思想

在将人分成不同等级并根据出生来区别对待的时代，社会差异被视作不可抗拒的自然法则的结果而受到普遍的认同。

旧的等级制度被摧毁后，等级差异便显得不伦不类，让人难以容忍。

平等仅存在于理论中，人们注意到，在民主国家里，人为制造的不平等在迅速增加，制造不平等的人为自己确立了明显的主宰地位。此时的人们对头衔和勋章的渴望可谓史无前例。

在真正的民主国家中如美国，头衔和勋章没有任何吸引力，只有财富才能体现差异。年轻的百万女富豪能看得上古老的欧洲贵族头衔的极为罕见。即便如此，也是出于本能，是想利用这唯一的方式为过于年轻的种族增添些历史厚重感，以稳固其道德体系。

总体而言，美国式的贵族不是建立在头衔和勋章的基础上，它只与金钱有关，所有人都有希望在某一天成为贵族，因而很少有人嫉妒贵族。

托克维尔（Tocqueville）在其关于美国民主的一书①中指出人民普遍希望平等，但他却忽视了他所期待的且仅以金钱为基础的平等仍会将人划分为不同的等级。

除此之外，美国一无所有，或许有一天欧洲也会如此。

其实，法国根本算不上是一个民主国家，民主只是文字上的民主。

———————————

① 托克维尔（1805—1859），法国历史学家、社会学家。这里指的是他的代表作《论美国的民主》。——译注

因此，如前所述，有必要探究一下在冠以"民主"的国家中民主的不同含义。

估计只有英国和美国可以算得上是真正的民主国家。尽管民主的表现形式不同，但原则无异，人们可以畅所欲言，不存在宗教迫害。只要有能力，无论年纪大小，都可以在自己的领域内宏图大展，个人发展没有任何的障碍。

在这些国家里，人们相信人与人之间都是平等的，因为人们相信，在追求平等的道路上，人人都是平等的。工人们都知道自己能够成为工头，能够成为工程师，因为大家知道工程师的禀赋与常人无异，它和其他职业一样，都需要从底层做起，而在法国则不同，工程师从一开始便高高在上。正因如此，在法国愈演愈烈的阶级仇视，在英国与美国却并不明显。

在法国，民主只存在于演讲中。针对青年的考试与竞赛制度，使得某些职业拒人千里之外，由此造就了一批批阶级敌人。

拉丁民族的民主仅仅停留在理论上。中央集权专制代替了君主专制，但其行为同样残酷，财富世袭制取代了出生世袭制，但特权现象并未减少。

此外，君主制与民主制的真正区别不在于内容，而在于形式，所产生的结果的好坏取决于人们精神状态的差异。一切有关政体的讨论都是毫无意义的，因为政体本身没有任何优劣之分，决定其优劣的历来是其所管辖的人民。

一个民族只有明白国家地位取决于每一个个体努力的总和而不是政府，才能实现快速发展。

第三章　民主信仰的新形式

一、劳资之争

在我们的立法机构恣意进行改革、立法之际，世界继续着其缓慢的自然演化。一些新的利益格局出现了，不同民族间的经济竞争加剧，工人阶级焦躁不安。方方面面都出现了一些严重的问题，而夸夸其谈的政治家们却对此束手无策。

在这些新问题中，由劳资双方对峙引发的冲突最为棘手。即使在英国等传统国家，这种冲突也十分激烈。工人不再履行曾被视作劳资契约关系的集体合同，工人们为了些鸡毛蒜皮的小事，动辄便会罢工，另外失业率、贫困率之高也令人担忧。

在美国，没完没了的罢工运动阻碍了各行各业的发展，但同时也催生出了解决方案。十年来，工业巨头组织起了强大的雇主联合会，要求工人们按照仲裁程序来解决问题。

法国因自身人口增长停滞，因而不得不接受大量外国劳工，这些人的到来使得法国的工人问题复杂化①。历史上有这么一个规律，当

---

①	大国人口	
	1789 年	1908 年
俄国	28 000 000	129 000 000
德国	28 000 000	57 000 000
奥地利	18 000 000	44 000 000
英国	12 000 000	40 000 000
法国	26 000 000	39 000 000

一个国家的土地快要承受不了众多的居民时，这些居民必然会侵入人口密度小的国家，人口增长停滞的国家很难应对这样的入侵。

同一个国家中的劳资之间的冲突还会因外部的竞争而加剧，如亚洲人要求低，因而工业品价格低廉，而欧洲人要求高。二十五年前，我就已经指出这个问题的重要性。汉密尔顿（Hamilton）将军①，派驻日军的前军事专员，在战争结束前就预言日本会取得胜利。在一本著作中，朗格卢瓦将军（Langlois）这样转述道：

> 我认为工人应该做出选择。鉴于当今的世界格局，当务之急是要培养孩子们的军事理念，使之自觉肩负起军国主义的考验与重担，甚而要为生存而开展一场残酷的斗争，以对抗势不可当的竞争对手。要想阻止亚洲移民，避免因竞争导致工资降低，并拒绝移民进入我们的生活，办法只有一个：刀剑。如果美国和欧洲忘记自己的特权是靠武力赢来的，亚洲很快便会采取报复行为。

不过讨论这些问题为时尚早，眼下的问题已经让人焦头烂额，其他问题只能暂时搁置一边。

二、工人阶级的演变与工团运动

当前最主要的民主问题，可能是由近期的工人阶级演变造成的，而这种演变又是工团运动造成的。

这种把有着共同利益的人聚集在一起构成工团的运动也称工团主

---

① 汉密尔顿上将（1853—1947），他是在日俄战争爆发后第一个抵达日本的西方人，当时率领印度军团加入日本参加了日俄战争。——译注

义（syndicalisme）①，工团主义发展迅速、声势浩大，遍及各个国家，堪称世界性的运动。一些工团组织的预算与小国不相上下。在德国有的组织经费高达 81 000 000 法郎。

工团运动的发展表明它和社会主义是不一样的，它不是乌托邦式的空想，它是经济发展的必然产物。

工团运动的目标、手段、趋势都与社会主义毫无瓜葛。我在《政治心理学》一书中已做过详尽阐述，在此只需简单回顾一下这两个概念的区别。

社会主义政府将所有企业收归国有、统一领导，将收入平均分配给国民。与之相反，工团反对国家介入，它将社会切分为行业集团，并进行自我管理。

深受工团蔑视与打击的社会主义者想方设法去淡化冲突。但随着冲突愈演愈烈，二者间的冲突最终无法掩藏。社会主义者拥有的政治影响力很快便会消失。

工团主义的快速发展是以社会主义的没落为代价。尽管这类经过革新的合作运动由来已久，但它身上却体现了现代工业专业化分工的某些要求。实际上，我们在各行各业中都看到了这一点。

工团运动在法国的发展不及其他国家。前文提到过，工团运动在法国采取了革命的形式，并暂时由无政府主义者领导。无政府主义者只是把工团当成一个普通的组织，他们仅是利用这个新的学说来设法摧毁当前的社会。无论是社会主义者、工团运动者还是无政府主义者，尽管指导思想完全不同，但他们最终的目的却是一样：暴力推翻统治阶级，夺取他们的财产。

工团主义学说和法国大革命原则毫无关系。在某些观点上，它们甚至截然相反。实际上，工团运动就是某些形式的集体组织的复活，这些集体组织与法国大革命所禁止的协会相差无几。工团还组建起了

---

①　工团主义即英语中的工联主义（unionism）。该学说一直都不是十分明晰，它强调的是行动而不是理论。其基调是要求会员发扬主动性；它提倡战斗精神（包括怠工、破坏活动）；通过纯粹的工业组织和斗争来推翻资本主义和国家。——译注

被法国大革命所禁止的某种联盟，并最终彻底否定法国大革命建立起来的中央集权制。

工团运动无视自由、平等、博爱等民主原则，要求其成员严格遵守纪律、不得随心所欲。

目前工团的力量有限，尚不足以相互迫害，彼此间还有情感交流，可以勉强称之为博爱。一旦工团变得足够强大，彼此利益上的冲突必然会引发斗争，古代意大利共和国时期如佛罗伦萨、锡耶纳等地的工团运动便是如此。之前的博爱很快便会消失，平等也被占优势的工团专制主义取代。

这样的前景并不遥远。新的力量成长迅速，无能为力的政府为保全自己有求必应。但这种退却的做法令人不齿，最多暂时有点效果，但却贻害无穷。

最近，英国的矿工协会便是以中止工业生产相要挟，为其会员们争取最低薪资且不受最低工时的限制，对此，英国政府恰恰采用了这种拙劣的做法。

尽管这种要求是无法接受的，但政府还是同意向议会提出议案。对此，巴尔夫（Balfour）先生在下议院作了令人深思的沉重的讲话：

> 在漫长、动荡的历史长河中，我们从未遭遇如此巨大而严峻的挑战。陌生而阴森的一幕已经上演，一个小小的组织居然威胁要全面使一个商业和制造业王国中的商业、制造业瘫痪。由此可见，在现有的法律条件下，矿工们几乎可以为所欲为。我们有过类似的经历吗？封建大地主能这样嚣张吗？有哪个依法行事的美国托拉斯会如此藐视共同利益？我们的法律、社会组织以及各行各业彼此融为一体，可谓牵一发而动全身，但这却让我们的社会遭遇到空前的危机，比在艰难岁月中的祖先所经历的危险是有过之而无不及……我们现在看到的是这些因素第一次显示其威力，稍不留神，整个社会都将会被其吞噬……而政府对矿工的要求做出退让的表态，就等于明确承认反抗社

会的那些人取得了胜利。

三、为何当代一些民主国家逐渐演变成为官僚政府

由民主思想催生出来的无政府主义与社会斗争，使得一些政府的发展过程难以预料，使得政府的权力名存实亡。这种演变是自发形成的，它是事物发展的必然之路，我们将简要指出这种演变带来的影响。

在民主国家，普选的代表组成了政府。他们投票通过法律，从其内部遴选或罢免部长，以临时行使行政权。只要有一票反对，部长就会被撤职，因此部长们的更换十分频繁。继任者与前任分属不同的党派，因此进行管理的原则也各不相同。

乍一看，似乎一个受制于不同政见左右为难的政府不会具有稳定性与连续性。然而，尽管社会形势变化无常，像法国这样的民主国家依然运行得有条不紊。如何解释这种现象呢？答案很简单。行使行政权的部长们，实则权力有限，他们只能发表一些无人在意的演说，制定一些应景的措施。

没有实力、也干不长的部长们只拥有短暂的表面上的权力，发号施令的是政治家，他们是其傀儡，真正起作用的是一股幕后力量，它一门心思强化自己的行政权力。它的力量是基于传统、等级制及惯性之上的，部长们很快便知自己无力与之抗衡①。政府的责权过度分散，没有任何一位部长能够一言九鼎，稍欠周全，就会遭到由一系列规章、惯例、判决组成的巨大网络的抵制，由于自己对该网络一无所知，而根本不敢再对其冒犯不恭。

民主政府的权威只会不断下降。这是一个永恒的历史法则，我曾经谈过这个法则：无论哪个阶级，不管是贵族、教士，还是军人、百姓，只要成为统治者，都会以最快的速度征服其他阶级。如罗马军队

---

① 身为内阁部长之一的克吕皮先生最近在一本书中指出了部长们的无奈，就连最能干的部长也会很快被其同僚架空，只得立刻缴械认输。

最终可以决定皇帝的废立，国王不敌教士阶层，法国大革命时期，全国三级会议代替君主制成为最高统治机构。公务员阶层再一次证明了这个法则的准确性。一旦他们足够强大，便会开始咄咄逼人且以罢工相威胁，如继邮政工人罢工后，国有铁路职工也举行了罢工。大政府中出现了由行政权力构建而成的小政府，如果任由发展，小政府将成为唯一的实际掌权者。待发展到社会主义制度，其他制度将不复存在。因此，所有的革命都只会造成国王的君权旁落，使其落入不负责任的、隐匿的、专制的政府雇员之手。

* * * * * *

让我们的命运前景难料的所有这些冲突，它们终将何去何从，不得而知。不必悲观也无须心存侥幸，只需坚信最终一切都会达到平衡。无论个人的意志如何，世界都会继续其前进的步伐，而我们迟早也会适应社会环境的变迁。关键不要有太多摩擦，也不能相信空想家的幻想，他们无法重建社会，但却数次颠覆了社会。

在历史上曾一度辉煌过的雅典、罗马、佛罗伦萨等城市，都成了这些可怕的理论家们的牺牲品，最后都无一例外地步入无政府主义、专制和没落。

现代众多的喀提林（Catilina）① 无视这样的教训，他们野心勃勃，进行着激烈的斗争，却不知道最终自己也会反遭吞噬。空想家们点燃了人们心中不切实际的希望，刺激起了人们的欲望，同时也摧毁了历经多个世纪缓慢构建而成的用以约束人们的堤坝。

盲目的民众对抗精英的斗争自古有之，绵延不绝。民众夺得主权，若无制约，则意味着一个或多个文明的结束。精英专司创造，民众专司摧毁。一旦精英的权力衰弱，民众就会开始冒险运动……

伟大的文明不懂得如何统治自己的国民，必然会走向毁灭。无政府主义、专制、外敌入侵以及最后的主权丧失，所有这些民主专制的

---

① 喀提林（约前 108 年—前 62 年）是罗马的阴谋叛变者。公元前 64 年，他聚集一批穷人和不满分子组建了一个革命党，口号是取消债务，均分财产，后来兵败被杀。本文借指革命者。——译注

后果不唯独出现在希腊。个人专政总是从集体专政中衍生出来。罗马帝国以个人专政而告终①，而蛮人②国家则是以集体专政而告终③。

①　罗马帝国（前 27 年～476 年），是古罗马文明的一个阶段。罗马曾经有数百年的共和制历史，但自从斯巴达克起义以后，罗马进入了军人执掌政权的时代，并通过两次"三巨头执政"后，屋大维被封为"奥古斯都"，成为罗马的独裁者，从此罗马进入了"罗马帝国"时代。——译注

②　"蛮族"实际上是古希腊人和古罗马人对邻族（日耳曼人）以及亚洲一些民族的带有侮辱性的称呼。——译注

③　举"神圣罗马帝国"这样一个所谓蛮人国家的例子以解释勒庞书中所提及的"集体专政"。"神圣罗马帝国"，全称为日耳曼民族神圣罗马帝国，是 962～1806 年在西欧和中欧的一个封建帝国。早期是由拥有实际权力的皇帝统治的国家，中世纪时演变成承认皇帝为最高权威的公国、侯国、宗教贵族领地和帝国自由城市的政治联合体。神圣罗马帝国的统治完全是中世纪式的，皇帝没有实权，实际权利掌握在 300 多个大小领主手中，（对此法国著名启蒙思想哲学家伏尔泰曾有如下评价："神圣罗马帝国既非神圣，也非罗马，更非帝国。"）所以它的统治是集体专政的。各地领主完全自治，拥有自己的军队、朝廷，甚至有收税的权力。——译注

结　论

　　本书着重研究了影响历史的重大革命，尤其是影响欧洲二十年且至今影响不绝的法国大革命。

　　法国大革命是一座取之不尽用之不竭的心理学资料宝库。人类历史的任何一个阶段都无法像大革命那样，在如此短的时间内为我们提供如此多的经验教训。

　　在法国大革命的每一页，我们都能发现，有数不清的出现在我们书本中的原则在其中发挥着作用，有短暂的大众心理和持久的民族心理，有信仰的作用，有神秘主义、情感主义和集体主义等因素的影响，有不同逻辑形式之间的冲突。

　　大众心理学所认可的一切规律在革命议会中都得到了演绎。革命议会因议员们的冲动和害怕，从而被一小撮领袖们所把持，且常违背议会成员们个人的愿望，反其道而行之。

　　如保王党人的制宪议会摧毁了古老的君主制，人道主义的立法议会促成了九月大屠杀，崇尚和平的立法议会让法国陷入了可怕的战争之中。

　　国民公会期间发生的各种背离现象，让大部分国民公会的议员们开始排斥暴力。情感丰富并宣扬平等、博爱、自由的哲学家们最终倒向了最可怖的专制。

　　再来看看督政府时期的那些悖论。起初，议会的主张还算是温和，并在督政府时期血腥的政变中存活了下来。它想恢复宗教和平，但最终却把数千牧师送进了苦役犯监狱。它想修葺遍布法国的废墟，却只能徒增废墟。

　　革命时期人们的个人愿望和议会的行为之间总存在着尖锐的对立。

这是因为有一些他们无法驾驭的无形的力量在支配着他们。他们自认为是依据纯理性行事，但实际上他们受到其无法理解的神秘主义、情感主义和集体主义所左右，我们也是如今才知道这点。

＊＊＊＊＊＊

时代在发展，民智在开启，人类的前景美好，然而，作为灵魂其真正的基石以及其行为的动机却没有随之改变。总会一而再再而三地出现片刻的不安宁。必须得承认，人类的本性终究是无法改变的。

大革命的推手们不承认这一点。他们破天荒地试图以理性为依据来改造人和社会。

从未有过以此为目标的事业。而意图完成此项事业的理论家们就得采用超越任何暴君的手段。

然而，纵然大权在握且军队骁勇，纵然有严刑峻法且政变不断，但大革命最终换来的仍不过是废墟千里和独裁政权。

经验对开启民智而言不可或缺，因此这样的尝试也未尝不可。没有大革命，便很难知道纯理性是无法改变人性的，由此便知，无论立法者有多大的绝对权势，一个社会仍是无法按照立法者的心思来加以重塑的。

＊＊＊＊＊＊

资产阶级为了自身利益而发起的大革命很快就变成了一场群众运动，变成了一场本能与理性之间的战争，一场反抗一切束缚的叛乱。但正是由于这些束缚，人类才从野蛮走向文明。改革者们依据人民主权原则，试图将他们的信条强加于人。人民在领袖的带领下不停地对议会的决议指手画脚，且坏事做绝。

大革命期间的大众历史发人深省。它表明，那些标榜一切美德属于人民的政治家是错误的。

大革命事件告诉我们，一个不受社会文明基石束缚的民族，一个任由本能的冲动肆虐的民族，很快便会堕落到先前的野蛮愚昧状态。每一场获胜的大众革命都是一次向野蛮的短暂回归。1871年的巴黎公社如果持续下去，大恐怖的场面恐将再一次上演。由于无力屠杀那么多人，只得将首都巴黎的主要建筑付之一炬以泄愤。

大革命呈现出来的还有从桎梏中解脱出来的各种心理力量之间的冲突。如大众的本能、雅各宾主义信仰、传统行为、奔放的激情和欲念等，所有这些心理因素在十年的激烈冲突中得到了宣泄，它们让法国血流成河，使之成为一片废墟。

粗略看来，这就是大革命的全部，且这是绝无仅有的。为了弄清楚这个重大的历史事件，需要对其加以剖析，以明白那些一直左右着大革命人物心理的动机。在平时状态下，有多种逻辑在支配着我们，如理性主义、情感主义、神秘主义、集体主义等，它们之间大体维持着平衡关系。在动乱年代，彼此之间产生了冲突，人也就变得不是他自己了。

* * * * * *

我们在这本书中绝没有忽视大革命所取得的涉及人民权利的成果的重要性。但是很多的历史学家和我们一样不得不承认，付出断壁残垣代价的收获原本可以在以后仅依靠文明的进步而毫不费力地获得。为了稍早实现，我们付出了多少的物质损失和道德沦丧的代价啊！人类历史上的这些惨痛场景极难被人忘却，它们一直让人耿耿于怀。

如今的年轻人似乎青睐行动而非思考。他们厌恶哲学家们沉闷冗长的长篇大论，他们没有兴趣去关心那些对事物本质还一无所知的空洞的思辨。

行动肯定是受到鼓励的，所有的重大进步都是源于行动，但行动只有在适当的指引下才是有益的。大革命期间的人都是敢做敢当的人，但被他们奉为圭臬的虚幻却将他们引向灾难。

若罔顾现实去展开行动，执意强行改变事物的进程，那么行动将是有害的。不应当拿社会当实验室的机器做实验。我们的遭遇表明，为社会错误买单的代价极其高昂。

尽管大革命的教训显而易见，但依旧有很多人执迷不悟，对革命念念不忘。社会主义便是这种希望在现实中的凝练，是向低级的演化形式的一种倒退，因为它使我们最重要的行为动机瘫痪了。它用集体的责任和能动性来代替个人的责任和能动性，由此，在人类价值观的梯度上，个人变得可有可无。

如今的环境不适合进行这类实验。在空想家们追求自己的梦想并激发起民众的热情和欲望的同时，各民族也在积极武装备战。每个民族都意识到，在世界范围内的竞争中，弱小的民族将无容身之地。

在欧洲的腹地，一个可怕的军事强国正在崛起，它渴望支配世界，以为它的商品寻找市场，为它日益增长且其即将不堪重负的人口寻找生存空间。

如果我们继续进行内斗、党派纷争、卑劣的宗教迫害并施行阻碍工业发展的法律，破坏我们的凝聚力，那么我们在世界上的地位很快便会失去，并让位与那些众志成城、懂得顺应天时而非逆潮流而动的民族。如今切不能重蹈覆辙，历史的细微处遍布不可预见的因素，但是历史的主线却是一贯的，决定事件起落的依然是永恒的法则。

图书在版编目(CIP)数据

法国大革命与革命心理学／（法）勒庞著；倪复生译.
—北京：北京师范大学出版社，2015.6（2020.11重印）
（法国大革命史译丛）
ISBN 978-7-303-18039-4

Ⅰ. ①法… Ⅱ. ①勒…②倪… Ⅲ. ①法国大革命-政治
心理学-研究 Ⅳ. ①K565.410.7

中国版本图书馆 CIP 数据核字（2014）第 236806 号

营 销 中 心 电 话　010-58802181　58805532
北师大出版社高等教育分社网　http://gaojiao.bnup.com
电 子 信 箱　　　　gaojiao@bnupg.com

FAGUO DAGEMING YU GEMING XINLIXUE

出版发行：北京师范大学出版社 www.bnup.com
　　　　　北京市西城区新街口外大街12-3号
　　　　　邮政编码：100088
印　　刷：北京京师印务有限公司
经　　销：全国新华书店
开　　本：160 mm×230 mm
印　　张：14
字　　数：206 千字
版　　次：2015 年 6 月第 1 版
印　　次：2020 年 11 月第 2 次印刷
定　　价：48.00 元

策划编辑：谭徐锋　　　　责任编辑：何　琳
美术编辑：王齐云　　　　装帧设计：王齐云
责任校对：李　菡　　　　责任印制：马　洁